公司简史
一种革新性理念的非凡历程

A Short History of a Revolutionary Idea

[英] 约翰·米克尔思韦特
阿德里安·伍尔德里奇 ——著

朱元庆 ——————译

John Micklethwait
Adrian Wooldridge

THE COMPANY
Copyright © 2003, John Micklethwait, Adrian Wooldridge
Published by arrangement with Weidenfeld & Nicolson
All rights reserved

目 录

致　谢		*001*
导　言	乌托邦有限公司	*001*
第一章	商人和垄断者	
	公元前 3000 年—公元 1500 年	*016*
第二章	帝国主义者和投机分子	
	公元 1500 年—1750 年	*033*
第三章	漫长且痛苦的诞生	
	公元 1750 年—1862 年	*061*
第四章	商业巨无霸在美国的兴起	
	公元 1862 年—1913 年	*084*
第五章	英国、德国和日本商业巨头的崛起	
	公元 1850 年—1950 年	*115*

第六章　管理资本主义的胜利

　　　公元 1913 年—1975 年　　　　　　　　*142*

第七章　公司悖论

　　　公元 1975 年—2002 年　　　　　　　　*169*

第八章　影响之源：跨国公司

　　　公元 1850 年—2002 年　　　　　　　　*216*

结　语　公司的未来　　　　　　　　　　　　*242*

参考文献综述　　　　　　　　　　　　　　　*257*

注　释　　　　　　　　　　　　　　　　　　*269*

索　引　　　　　　　　　　　　　　　　　　*281*

致 谢

出于严格遵循资本主义传统的考虑，本书的面世也与克扣薪酬和不善待员工密不可分。威廉·麦克西和阿里·麦克西（William and Ali Mackesy）、马丁·托马斯（Martin Thomas）、西蒙·格林（Simon Green）、莱斯利·汉娜（Leslie Hannah）、杰西·诺曼（Jesse Norman）、罗伯特·迈尔斯（Robert Miles）、马克·多伊尔（Mark Doyle）和海伦娜·道格拉斯（Helena Douglas）都对完成本书伸出过援助之手，但本书的不尽如人意之处应全部归咎于作者。我们还要感谢我们的经纪人安德鲁·威利（Andrew Wylie），以及兰登书屋（Random House）编辑斯科特·莫耶斯（Scott Moyers）非比寻常的宽容大度。《经济学人》（*The Economist*）编辑比尔·埃莫特（Bill Emmott）再次给予了我们极大的支持。我们也要向那些不得不和我们挤在一起的可怜人致歉,他们是:安·弗罗(Ann Wroe)、约翰·帕克(John Parker)、赞尼·明顿-贝多斯(Zanny Minton-Beddoes)、蕾切尔·霍伍德(Rachel Horwood)、维妮蒂娅·朗金(Venetia Longin)和露西·塔隆(Lucy Tallon)。此外,我们的妻子和孩子在本书写作过程中又一次肩负起了家庭生活的重担,而且毫无怨言。我们对他们的亏欠确实无法度量。

导　言
乌托邦有限公司

1893年10月7日晚,一部新歌剧在伦敦西区一所拥挤的房子里上演。两位维多利亚时代的流行文化巨匠——威廉·吉尔伯特(William S. Gilbert)和亚瑟·沙利文(Arthur Sullivan)——联合业余乐团从布莱顿到孟买一路巡演,为观众奉献《彭赞斯海盗》(*The Pirates of Penzance*)和《贡多拉》(*The Gondoliers*)等佳作。理查德·德奥利·卡特(Richard D'Oyly Carte)在萨伏伊专门为他们的剧目建造了一座剧院。更值得人们期待的是,这两位作家几年前曾互相掐架,部分原因是沙利文不甘心仅仅在喜剧上大展身手,而且看起来两人长期联袂的合作即将终结。但现在他们回来了。

《乌托邦有限公司,或进步之花》(*Utopia Limited, or*

The Flowers of Progress）的主题之一——有限责任股份公司——并不是一个人们易于理解的笑点。当晚的剧目讥讽了这样一个想法：公司正横扫一切，所经之处，尽数收入囊中，让投资人赚得盘满钵满。剧中，一位名为戈德伯里的英国公司发起人来到了充满异国情调的南海乌托邦岛，着手把岛上的居民变成公司股东。甚至婴儿也收到公司招股说明书。在最后一幕中，乌托邦国王提出疑问："我是否可以这样理解，基于这一股份制原则，大不列颠王国也由我统治？"戈德伯里先生回答："我们还没到那个地步，但确切地说，我们正朝那个方向迅猛前进！那一天为时不远。"没过多久，乌托邦人加入了有史以来最不可能的大合唱："万岁，惊人的事实！万岁，新发明，《股份公司法》——《1862年股份公司法》！"

尽管乌托邦有限公司是一家备受诟病的公司，但《乌托邦有限公司》听起来却是一个胜利的音符，是维多利亚时代改变世界的诸多古怪发明之一。《1862年股份公司法》（以及其他国家效仿该法案而各自出台的法律）设立的新公司，正使世界加速进入人类历史上第一个全球化的伟大时代。他们驱使数百万人离开故土，改变了人们吃饭、工作和玩乐的方式。他们在曼哈顿修建了第一栋高耸入云的写字楼,并掠夺了比属刚果。他们与工会斗争,向政客挑战。总统拉瑟福德·B. 海斯(Rutherford B. Hayes)发出这样的警示:"这已不再是一个民有、民治和民享的政府,而成了一个(公)司有、(公)司治和(公)司享的政府。"《乌托邦有限公司》一剧启幕前一年,俄亥俄州最高法院裁定,标准石油公司形成垄断。即使在英国,也没有堪与约翰·D. 洛克菲勒(John D. Rockefeller)的石油帝国相媲美者,许多在理查德·德奥利·卡特剧院的包厢里暗自窃笑的新晋资本家就是靠公司聚集了大量的财富;而且,挤在普通席位的观众中,不乏曾把自己继承的遗产全部押在美国铁路公司的股票上,如今穷困潦倒的没落贵族。

今日,这种令人不安的组织的影响更是无处不在。本书探讨了公司发展的历史,指出公司是西方繁荣的基础,世界未来的希望。事实上,对我们大多数人而言,公司在时间和精力上唯一真正的竞争对手,是被人们忽视的家族。[与此同时,世界上最著名的家族——英国王室——却能时来运转。许多英国最早的股份制公司都是靠该家族一时心血来潮才得以成立，而现在英国王室却称自己为"家族企业"（the firm）。]

这并不意味着公司收获的都是溢美之词，尤其对于政治历史研究者而言。在威廉·格莱斯顿（William Gladstone）的最新传记中，几乎只字未提十九世纪中叶出现的各种伟大的《公司法》，当时他可是这些法案的政治拥趸之一。而现代公司理论之父罗伯特·劳（Robert Lowe）之所以被人们所铭记，是因为他在教育方面的工作和对普选的怪异反对。《新牛津英国史》（*New Oxford History of England*）涉及1846年至1886年的720页内容中，甚至未给公司留下一席之地[1]。

事实上，公司历史本身就堪称一个非比寻常的故事。通常肇始于国家资助的慈善机构的公司，现今已渗透至各种领域，重塑了地理、战争、艺术、科学，不幸的是，对语言也进行着重构。事实证明，公司的强大不仅因为其提高了生产能力，而且还在于公司拥有个人的大部分法定权利，同时又不存在生物学意义上的不利条件：它们不仅不会因年老而死亡，而且还可以随意创造"后代"。这种"永生不灭"的特权（更不用说这种人为创设的公司形式为历代各种贪欲者提供的庇佑）常常会激怒社会的其他主体——特别是政府。因此，时不时会出现一些稍显"坏脾气"的法律，试图篡改这一特许权——从 1279 年爱德华一世（Edward I）颁布的《死手律》[Statute of Mortmain，该法试图阻止资产规避君主的封建法令而流入公司机构（特别是跟那些宗教教会有关者）的"罪恶之手"]，到 2002 年的《萨班斯—奥克斯利法》（Sarbanes-Oxley Act，借由此法，国会试图让老板们对"他们"公司犯下的罪行担责），概莫能外。

定义公司有两种方法。第一种将其仅定义为一个从事商业活动的组织。正如本书所述，此定义囊括从非正式的亚述人贸易方案到现代杠杆收购的一切活动。第二种定义更为具体：即有限责任股份公司是一个独特的法律实体（事实上，独特到其股东可以起诉它），由政府赋予一定的共同权利和责任。这就是乌托邦人歌唱的"惊人的事实"，依照《1862 年股份公司法》成立的机构，至今仍在世界各地蔓延。

尽管本书内容主要关涉股份公司，但也会涉猎其他广阔的领域。从人类出现经济活动开始，商人们就一直在寻找分担商业风险和分享商业回报的方法。中世纪法律的一个根本贡献是"法人团体",即城镇、大学、行会,其存续时间超出了其成员的存续时间。十六世纪和十七世纪,欧洲的君主们纷纷创建特许公司来追求帝国扩张的梦想。典型代表之一是东印度公司(East India Company),该公司最终以二十六万本土士兵(英国军队的两倍)组成的私人军队统治了印度。[2] 另一家值得一提的公司是弗吉尼亚公司(Virginia Company),该公司帮助北美殖民地引入了民主这一革命性概念,让詹姆斯一世(James I)愤怒不已——他称之为"煽动议会的罪恶之源"。此外,还有约翰·劳(John Law)的密西西比公司(Mississippi Company),该公司摧毁了十八世纪欧洲最富裕国家(法国)的经济。

5　　然而,威廉·吉尔伯特对十九世纪英国发生的一些有趣的变化作出了正确判断。当时最强大的经济力量最终把现代公司背后的三大理念合而为一:它可以是一个"虚拟人",与一个真正的人一样拥有进行经济活动的能力;它可以向任何数量的投资者发行可交易的股票;这些投资者只需承担有限责任(这样他们就只会损失他们承诺投给公司的钱)。同样重要的是，维多利亚时代的人们改变了对公司的观点。设立一家公司或将其业务限制在一个有价值的特定目标（如在两个城市之间修建一条铁路），不再需要议会的特别批准——换言之，可以轻而易举地成立通用公司。只需要七个人（"如果可能，均为贵族和男爵，"戈德伯里恶作剧地建议乌托邦人）签署一份公司注册备忘录，并使用"有限"一词警告债权人，他们对公司的所有人无任何追索权。

遭到其他国家迅速效仿的《公司法》催生了大批四处筹集资金的企业家，因为他们清楚，投资者只会损失各自投入的资金。他们创建了一种组织，该组织似乎很快就获得了自己的生命，迅速地从一种形态变异为另一种形态，导致政府通常无法对其进行约束。如今，没有人会觉得奇怪，在成立一个世纪后，明尼苏达矿业与制造公司（Minnesota Mining and Manufacturing Company，即3M公司）也生产便笺纸，而全球最大的移动电话公司诺基亚（Nokia）曾经是一家造纸企业。

维多利亚时代的人们也给我们留下了许多关于公司的深刻认知。如今，人们普遍认为，公司的出现与资本主义的产生密不可分。然而,许多最早批评股份公司和有限责任这类"补贴"的人都是经济学界的自由主义者,他们均受到亚当·斯密(Adam Smith)的观点启发,而亚当·斯密曾嘲讽这些公司不合时宜且效率低下。维多利亚时期一位著名的思想家戴雪(A. V Dicey)担心,公司可能会成为新集体主义时代的先兆:"一笔接一笔的交易"将从"私人管理者手中转至由政府创建的法人团体之手。"[3](出于同样的原因,卡尔·马克思勉强支持公司的大量出现。)

对于公司早期的批评者来说,这不仅仅是一个允许投资者拒绝履行债务责任的问题。维多利亚时期的许多自由主义者也担心,职业经理人会为股东的利益行事这一点是否可信。他们曾提出这样一个观点:拥有公司的"委托人"和管理公司的"代理人"之间潜在的利益冲突(后来被称为代理问题)一直困扰着公司的历史。从兰开夏郡的纺织厂到帕洛阿尔托的软件创业公司,股东们都在不断努力,试图找到让职业经理人的利益与其自身利益趋同的方法(最新的手段是通过股票期权),而职业经理人通常会尽力摆脱股东们的束缚。约翰·斯图尔特·穆勒（John Stuart Mill）通过艰苦卓绝的研究解决了自己在这个问题上的疑惑。他得出结论：对于像铁路建设这样资本密集的行业，唯一能替代股份制的方案就是政府直接控制。

即使在《1862年股份公司法》颁布后，维多利亚时代的人们仍然深受传统文化对这些无灵魂机构之偏见的影响。《晨邮报》（The Morning Post）发起了针对这些铁路公司的一场仇视运动，理由是它们在输出英国的就业机会。与此同时，美国的民粹主义者也以英国人试图秘密重新殖民美国为由，对同样的公司大加挞伐。在安东尼·特罗洛普（Anthony Trollope）1875年的《如今世道》（The Way We Live Now）一书中，一家公司本应建设一条连接墨西哥和美国的铁路，然而公司被一个道德败坏的欧洲金融家奥古斯塔斯·梅尔莫特（Augustus Melmotte）及其美国合伙人汉密尔顿·K.菲斯克（Hamilton K. Fisker）操控。公司的董事会由一群一无所知的贵族和肆无忌惮的政客组成，开会的时间只有十五分钟。（"当时在场的每个人中没有一个不心知肚明，他们的财富不是靠修建铁路，而是靠铁路股票的价格波动来获取。"）[4]

可以预见,这样的企业必然会导致一场投机崩盘。

在美国,公司的影响力极大。二十世纪初,反对"巨额财富作恶"的呼声达到了高潮。然而,社会一旦控制住公司里的"掠夺大亨",就会发现一个更不负责任的恶棍——"面目模糊"的职业经理人——夺取了公司的控制权。美国企业界巨头的兴衰构成了本书的主要部分。当然,不是每个人都为他们工作,但给人的感觉确实如此。直到 1975 年,美国大公司一直是衡量其他各类公司的标准。不过,从那以后,"公司人"逐渐淡出人们的视线。公司已经变得扁平化,层级结构大幅度降低。

整个二十世纪,公司都在与催生它的政府博弈不止。欧洲和亚洲的各国政府试图经营自己的公司,但均无一例外地折戟沉沙。许多左翼人士认为,企业试图建立自己的"政府",并且取得了惊人的成功。与此同时,公司对我们生活的影响也成倍增加。让我们产生"体味"(BO,Body Odour)概念的便是一家公司——利华兄弟公司(Lever Brothers)。"生产出令人满意的肥皂还不够,"约瑟夫·熊彼特(Joseph Schumpeter)曾说,"还要引导人们养成洗漱的习惯。"[5] 据说,麦当劳这家公司来到中国后,曾推动到店的顾客养成购物结账时排队等候的习惯。[6]

本书涵盖三个主题。首先,公司的过去往往比现在更精彩。现代商业书籍可能会有像《门口的野蛮人》(*Barbarians at the Gate*) 或《只有偏执狂才能生存》(*Only the Paranoid Survive*) 这样的醒目标题,然而,早期的商人们的确是冒着人财两空的风险在从事商业活动。十七世纪初商船前往香料岛,有三分之一的人能活着回来就算幸运。那个时代,竞争优势意味着将对手逐出市场,营销意味着为苏丹的后宫供应一位英国淑女(一个伦敦商人甚至无私地献上了女儿,成为"光荣父母"),而供应商就是一群可能会让你急成"热锅上的蚂蚁"的人。[7]

第二个主题在某种程度上与第一个主题存在关联。总的来说,公司变得更有道德:更为诚实,更加人道,更具社会责任感。公司的早期历史常常充斥着帝国主义的扩张和投机,以及骇人听闻的掠夺甚至屠杀。现在抗议全球商业化新罪恶的人们,显然没有读过多少关于奴隶制或鸦片贸易的书。那些以惊恐的语调谈论世通公司(WorldCom)前所未有的欺诈行径的人们,似乎已经忘记了"南海泡沫"（South Sea Bubble）。那些认为比尔·盖茨（Bill Gates）拥有无与伦比的力量的人们，不妨读一读关于J. P. 摩根（J. P. Morgan）的书。今天，一国拥有的私营企业数量，相比该国可以召集的战舰数量，更能彰显这个国家地位。美国在2001年的时候拥有512万家各类公司。

由此引出第三个主题。公司一直是西方最大的竞争优势之一。当然，西方的成功在很大程度上要归功于科技实力和自由价值观。但是，劳和格莱斯顿开创了一种组织，该组织在使人类的努力卓有成效方面无出其右。认为公司本身就是一种赋能技术的想法，曾经是自由主义思想家出于本能就可理解的道理。"进步时代"（Progressive Era）的伟大圣人尼古拉斯·穆雷·巴特勒（Nicholas Murray Butler）宣称，"有限责任公司是现代最伟大的创造，没有它，即使蒸汽机和电力也会变得无用武之地。"

经济学家们阐述了为何这类机构对经济发展至关重要。[8] 公司增加了可用于生产性投资的资本数量。公司允许投资者通过购买若干家企业易于出售的少量股票来分散风险。而且,公司提供了一种将有效的管理结构移植于大型组织的方式。[9]当然,公司也可能会僵化,但只要投资者可以把钱投在别处,公司就能够"东山再起"。

一群相互竞争的公司足以造就显著的创新型经济。现在,你只要看看硅谷便可明白这一点。但在十九世纪中叶,西方政府作出了将支持哪些想法的决策权交由独立公司的革命性决定。[10]资本开始寻觅最高效和最灵活的公司,而不是陷入政府垄断;公司之间"合纵连横",组建了越来越大的联合体,而不是局限于家族合伙关系。相形之下,曾经超越西方但未能发展出私营企业的古老文明变得越来越落后。创造出亚洲最显著的经济成就的国家——也是大张旗鼓支持新兴企业的国家——就是日本,这绝非巧合。

本书试图描绘这一非凡机构的崛起。但我们也尝试花点时间描绘一下其未来面临的困惑。乍一看,未来尽在掌握之中。民族国家处于守势。教会正在努力寻找新的成员。工会只是他们过去的影子。但公司正变得愈发强大。西方大多数人现在都为公司工作,公司也生产了世界上大部分的产品。[11]任何向往拿破仑征服四海之伟业的年轻人,与其竞选政治职位或参军,不如加入一家公司。

然而,公司的实力可能远没有看上去那么强大。尽管公司作为一个特定机构的影响力从未如此广泛,但可以说,个别大公司的影响力已经下降。正如我们将看到的那样,一些认为公司比政府的规模还要大的想法,从统计学意义上看就是欺诈。大公司正在让位于小公司,事实上,数量如此之多,以至于一个老问题现在显得更加紧迫:公司存在的意义何在?

早在1937年,年轻的英国经济学家罗纳德·科斯(Ronald Coase)就以最简洁的语言回答了这个问题。在一篇题为《企业的性质》("The Nature of the Firm")的文章中,他提出,公司存在的主要原因在于,它使协调特定经济活动的交易成本最小化。与个体购买者在生产的每一个阶段进行特定交易相反,将所有人召集至公司内部,就可以降低"为每笔交易谈判及签订单独合同"的成本。

但是,公司降低交易成本所带来的收益必须与"层级成本"(即中央管理者忽略分散信息的成本)平衡。

十九世纪，大规模生产与大规模分销相结合所带来的收益是巨大的——正如商业史学家阿尔弗雷德·钱德勒（Alfred Chandler）所说，"管理指令看得见的手"取代了"市场机制指令看不见的手"。二十一世纪，技术和全球化有助于减少市场准入壁垒，从而有助于解开公司的包袱。只需按下按钮，一个记者能获得的信息比十年前一个企业巨头所能积累的还要多。现在的流行趋势是虚拟公司——没有飞机的航空公司，没有分支机构的银行——无形的手从有形的手中"攻城略地"。

但这并不意味着公司开始缓慢而不可避免地衰退。尽管无摩擦资本主义有着诱人的魅力，大多数人似乎都喜欢加入公司。（我们应该承认，由于运气好、缺乏机会、懒惰，特别是他人的施舍，我们工作生活的大部分时间都在同一个组织。）自科斯以来，经济学领域的争论日益深化，一些经济学家更倾向于将公司视为一个契约网络，而另一些人则视之为一个组织能力的集合。但现代投资者、管理者和工人提出的基本问题是：这家公司是做什么的？我为什么在这里工作？它能赚钱吗？我们回顾公司的历史，不难发现，这些问题值得我们斟酌再三。

第一章
商人和垄断者

公元前 3000 年—公元 1500 年

现代公司在十九世纪中叶成形之前,曾经历过一段漫长得令人难以置信且通常不太可靠的成长期。主宰商业活动几百年的,时而是生意人和劫掠者,时而是帝国主义者和投机分子,尽管他们并没有像我们所知道的那样组建成熟的公司,但他们创造的强大组织改变了商界。

早在公元前 3000 年,美索不达米亚就出现了超越简单易货贸易的商业活动。苏美尔人在幼发拉底河和底格里斯河沿岸进行贸易,发展出试图使财产所有权合理化的合同雏形。[1] 当时的神庙同时充当了银行和政府监管人。亚述人(公元前 2000 年至公元前 1800 年)——圣经上通常与野蛮联系在一起的族群——则走得更远。一份文件显示，一位亚述统治者正式与长老、城镇和商人（或Karum，以他们所在的码头一词命名）分享权力。[2] 甚至还出现了合伙协议。根据一份此类合同的条款，约十四名投资者将二十六份黄金投入一个名为阿穆尔·伊什塔尔（Amur Ishtar）的商人运营的基金，后者自己又投入了四份黄金。该基金将持续四年，运营者收取三分之一的利润。这与现代风险投资基金并无二致。[3]

腓尼基人和后来的雅典人把这种模式带到了海上，使地中海地区遍布类似的组织。海上贸易活动耗时费钱，这使得某种形式的正式安排比陆上贸易更为必要。对于投资者和债权人来说，风险永远都是一样的，比如：一个出海的船长可能再也回不来。（在对各种商人持不信任态度的一长串作者名单中，荷马位列第一，他在作品中将来自提尔的商人贬为口是心非者。）

雅典模式之所以脱颖而出，是因为它依赖于法治而非国王的一时兴起，也因为其对外界不同寻常的开放程度。一位名叫帕西翁（Pasion）的银行家和船主（死于公元前370年）是该市最富有的人之一，他出身蛮族，最初是作为奴隶来到这里的。然而，雅典的商业机构大多无足轻重,从业者通常也不多;即便是知名度最高的制盾业,商家也很少雇佣超过100名奴隶。[4]

罗马的社团(*societates*),特别是那些由包税人(*publicani*)组织的社团,似乎更有雄心。起初,收税委托给罗马骑士个人;但随着帝国的发展,收税变得超出任何贵族所能保证的范围,到第二次布匿战争(公元前218年至公元前202年)的时候,他们开始组建社团,每个成员都拥有股份。这些机构还发现自己可以为征战提供商业支持,替罗马军团打磨盾牌和利剑。[5]在社会底层,手艺人和商人聚集在一起,组成行会(*collegia* 或 *corpora*),选举各自的管理人员,并授予执照。[6]

十八世纪伟大的法学家威廉·布莱克斯通(William Blackstone)声称,发明公司的荣誉"完全属于罗马人。"[7]他们确实创造了一些公司法的基础概念,特别是这样一种观点,即由个人结成的组织可以拥有独立于个人成员的集体身份。他们把这一组织跟家庭这种社会的基本单位相比较。成员们将大部分管理决策委托给一位主管(*magister*),由后者负责商业运营,管理销售代理,并制作收支列表。这些机构也有某种形式的有限责任。

另一方面，正如一位历史学家所说，此类社团仍然是相对脆弱的新生事物，"仅仅是个人组成的群体"。[8]大多数纳税契约都为短期。而且大多数财富仍集中在农业和私家地产上。[9]

当罗马帝国分崩离析之后，商业活动的重心东移至印度、伊斯兰世界，以及中国。先知穆罕默德就是一个商人。虽然他创立的宗教禁止高利贷，但仍然鼓励在负责任的前提下赚钱；信仰基督教的商人也会经常发现他们的活动与他们的信条不符，但像辛巴达这样的穆斯林商人可能会成为英雄。除了这一道德优势，他们还具备几个地理优势。首先，他们在东西方之间活动。在马可·波罗（Marco Polo）出现之前，成千上万的穆斯林商人曾到过中国。其次，许多阿拉伯人生活在贫瘠的地区，农耕经济极不发达。在圣城麦加，一个年轻人除了经商之外，几乎没有其他工作可做。

与此同时，中国在技术上领先西方。在征服者威廉（William the Conqueror）于黑斯廷斯战役（1066年）击败哈罗德（Harold）的时期，中国每年生产12.5万吨铁，是整个欧洲年产量的700倍。中国人开创了使用纸币的先河。1275年至1292年，马可·波罗在中国旅行期间，他对能为60个商人提供各自舱位的商船惊奇不已。在1497年瓦斯科·达·伽马绕过好望角到达东非的时候，当地衣着考究的东道主们早已习惯了来自中国的巨轮，对他怎么能用这种小船出海感到不可思议。

关于中国人和阿拉伯人为什么会将经济领导权拱手让与西方的争论从未停息。可以说，未能发展出公司这一组织形式，也是他们更广泛的地理和文化缺陷的一部分。伊斯兰法律允许一种灵活的贸易伙伴关系，允许投资者和商人汇集资本。但是，在很大程度上，法律依赖口头证词而非书面合同。而根植于《古兰经》的继承法将死去伴侣的遗产严格分配给数量庞大的家庭成员（与通常允许伴侣提名单一继承人的欧洲制度相反）。这往往会阻碍穆斯林商业机构的发展，以至于他们无法达致需要从外部筹集资金的规模。[10]

就中国而言，文化和国家干预都削弱了私营企业长期存在的理念。中国商人发展了复杂的合伙关系：到十四世纪，中国已出现许多不同类别的投资者和商人。但这种合伙关系很少能长久维持。

与此同时，中国出现的许多大型"公司"都依赖政府。世袭官僚把持着众多政府垄断的行业，包括瓷器制造。这些商家往往坐拥巨大的规模经济优势——直到十八世纪，中国工厂生产的产品比西方国家能提供的任何东西都更具冲击力。然而，政府的垄断企业却遭遇了跟商人生意活动相反的问题：它们与时代脱节。中国幅员辽阔的国土也是不利因素。正如我们将看到的那样，欧洲的政府垄断企业同样效率低下，腐败丛生，但它们至少保持警惕，并通过与其他国家的政府垄断企业竞争而避免变得过于官僚化。

最后，中国"内向化"的决断产生了致命的后果。可以说，中国经济帝国主义的顶峰出现在十五世纪初，1402年登基的明成祖朱棣建造了一支庞大的船队，并派往亚洲各地。但1424年朱棣死后，他的儿子停止了远航，率领船队出海的郑和被安排了一份跟航行完全无关的工作。更要命的是，随后继位的明宣宗下令中断了对外商业交流和探索。后来的中国皇帝重建了与其他亚洲国家的贸易关系，但他们的抱负颇为有限。1793年，中国皇帝向英国的乔治三世（George III）传达了如下信息：

"天朝抚有四海……万国来王,种种贵重之物,梯航毕集,无所不有,尔国之正使等所亲见。然从不贵奇巧,并无更需尔国制办物件。"这是一种不幸的态度,因为那时中国商人面临的是一种强大的新型商业组织形式。

里亚托效应

有两种中世纪的组织形式在罗马人留下的基础上建立了起来:意大利的商业帝国,以及北欧的政府特许公司和行会。

从公元九世纪开始,海事公司就出现在意大利的阿马尔菲和威尼斯等城镇。[11] 参照穆斯林的股份制(*muqarada*),最早的经营模式通常都是为了资助和管理一次远航(可能持续数月)。这种安排对留守国内的资本家特别有吸引力,使其能够分散对一些货物承担的风险,同时避免自己亲自出海带来的麻烦。此种合伙关系逐渐变得复杂:为多次航行融资,增加外国合伙人,并设计新的所有权结构。例如,威尼斯商人组成财团从政府租赁船只。每次出航都发行二十四份股票,招募合伙人,筹集所需资金。[12]

十二世纪，佛罗伦萨和其他内陆城镇出现了一种稍有不同的组织形式：Compagnia。这些机构最初是家族企业，根据连带责任原则运作：所有合伙人都对他们的世俗利益（商品）的价值承担连带责任（"名字刻在他们的袖扣上"，正如后来伦敦劳埃德银行对承担责任的投资人所做的那样）。考虑到对破产的惩罚可能是监禁，甚至是奴役，组织的所有成员都必须绝对彼此信任。compagnia 一词是两个拉丁单词（cum 和 panis）的复合词，意思是"一起分面包"。

与威尼斯的同类机构一样，随着时间的推移，compagnia 变得愈加成熟，试图吸引家族圈子之外的投资。可能早在 1340 年他们就开始采用复式记账，主要是为了让他们的海外部门保持诚实。一位热那亚的商人会把寄给布鲁日代理人的钱在账簿上记为"已付"，而布鲁日代理人则会在账簿上记下"已收"的金额。大商人之间开始使用汇票而不是直接用货币结算，以显示彼此的信任，而意大利银行则主导了该项业务。

事实上，compagnia 与银行（banchi）紧密相连［意大利语中的银行一词源自放债人坐椅后面的长柜（banco）]。在1314年但丁的《神曲：地狱篇》（Inferno）中，高利贷者被送到地狱的第七层，惨遭火雨的折磨；许多城市都禁止银行家和妓女接受圣餐。当时的许多小银行只是典当行而已，收取的利率极高（年利率往往超过40%）。但大型银行通常是成熟且资本充足的国际银行，能够在不同的城市间结算汇票。它们将富有的投资者从房地产吸引到银行储蓄领域（一旦发生政治危机，银行存款的流动性远胜房地产）。他们不仅资助远洋航行和公司，甚至资助王国。1339年，英格兰的爱德华三世（Edward III）违约，最终甚至导致佛罗伦萨最重要的两家银行——巴迪银行和佩鲁齐银行——倒闭。到1423年，佛罗伦萨对战争的沉迷使之背负的公共债务是其年度税收的六倍（大约相当于美国二十世纪九十年代初债务率的两倍）。[13]

美第奇银行于1397年由乔凡尼·迪·比奇·德·美第奇（Giovanni di Bicci de'Medici）创建（有四任教皇和两位法国王后出自该家族），这一机构为文艺复兴提供了大量资金。这个家族最大的优势在于确保了教皇的生意；

直到1434年，它一半以上的收入都来自于罗马"分行"，该分支机构跟随教皇四处巡游。为了规避教皇对基督徒收取利息的禁令，像美第奇这样的银行家通常以外币（附带隐性溢价）、特许或商品获取收益，他们也由此涉足其他业务。美第奇家族通过羊毛贸易实现多样化经营，进入制衣业，尤其是对明矾这一纺织品染色不可或缺的化学固色剂的垄断。

随着美第奇的扩张（在十个城市开设了分支机构），它们通过将每个分支机构作为单独的合伙组织来最大限度地减少损失。银行还设计了利润分配制度，激励所有合伙人追求最大回报。[14] 他们甚至试图禁止其经理借钱给达官贵人。不过，最终，他们的商业实力主要依赖于他们的个人监督机制。在科西莫·德·美第奇（Cosimo de'Medici）的领导下，此种监管异常严厉。他们的银行曾设法阻止一个年轻的神职人员升任主教，直到他的父亲（碰巧是红衣主教）清偿其所有债务。但科西莫死后，他的后代对银行业务下滑坐视不管。"玫瑰战争"使之在伦敦留下大笔烂账，而且在羊毛贸易中的利益也使之不得不借钱给王室。1478年，美第奇失去了教皇的银行业务。到 1494 年,当美第奇家族被逐出佛罗伦萨时,他们的许多分行已关门歇业。

达蒂尼的数据库

这些组织与现代公司的相似度有多少?让我们停下来看看十四世纪的一个行业。[15] 弗朗西斯科·迪马尔科·达蒂尼(Francesco di Marco Datini)大约 1335 年出生在托斯卡纳的普拉托镇,身世卑微,不久就成了孤儿。年轻时,他动身前往阿维尼翁,在那里他可以先当学徒,然后再另立门户。尽管达蒂尼是在"为了上帝和利润"的信条下做生意,但他的第一次冒险是从事武器交易,而且很快就扩展到更为清白的合伙业务,涉及店铺、纺织品和珠宝。1382 年,由于教皇与佛罗伦萨人发生争执,他被赶出阿维尼翁,再次回到普拉托。到十四世纪末,他控制的机构在九个城市做生意,业务从奴隶贸易到售卖朝圣者的各种服装。达蒂尼也谨小慎微地成了一名银行家。当他十年后去世时,这位无子女的商人把自己所有的钱(大约 10 万弗洛林)、房产和文件资料捐赠给为普拉托穷人设立的基金。

这位"普拉托商人"像一个控制狂:达蒂尼记录所有事情,并告诉他的经理们也要这样做。他留下的15万封信件、500本账簿和300份合伙协议中载明的业务,散发着强烈的现代气息。作为"领头羊"的达蒂尼几乎每天都给他在欧洲各地的"下属"写信,询问经营信息及相关数据,他们的回复或吹嘘或辩解,而他的训斥("你连装满牛奶的碗里有只乌鸦都看不到")读起来有点像今天的电子邮件。所有业务都离不了律师、恰当的文书和最新的账目。表现出色者可以得到晋升,员工可以获得培训机会,心怀不满的合作伙伴得到安抚;而长久以来,达蒂尼的妻子一直都为丈夫工作太投入而烦恼不已。就连来之不易的利润也显得微不足道:所有这些辛苦的付出,只不过勉强维持了9%的利润率。

前述种种生意经似曾相识,然而,当时的社会环境可大不一样。那是一个黑死病肆虐、佛罗伦萨的纺织工人反抗行会、时不时出现的宗教暴力将矛头对准经商者的时期。正如达蒂尼的传记作者艾里斯·奥里戈(Iris Origo)所言,达蒂尼"每天都生活在对战争、瘟疫、饥荒和暴动的恐惧中，每天都会接到坏消息。他既不相信政府的稳定，也不相信任何人的诚实……正是这些恐惧促使他把财产分配到尽可能多的地方，从不过分信任任何一个合作伙伴，随时做好止损准备，随时准备从头再来。"[16]

尽管达蒂尼痴迷于统揽一切，但他对 compagnia 这种组织形式表现出狂热的支持。"我认为，两个合伙人或两兄弟在同一行业中团结一致，尽其所能，比他们各自单枪匹马行事赚得的利润要更高。"[17] 由于合伙人需对各自的债务负责，因此大多数人仍然信赖亲友（达蒂尼选择了托斯卡纳人）。出于同样的原因，合伙关系的期限通常只有两年——尽管可以延长。

达蒂尼的遗嘱规定，他在所涉生意中的股份应在他死后五年内结清。如果他有孩子，达蒂尼的"公司"可能会持续更长时间。显然，尽可能保持松散和灵活符合任何独立的商人利益，只有政府才追求永久。因此，不足为奇，政府在创建公司方面发挥了重要作用。在这个方面，北欧居于主导。

公司和行会

首先应该指出的是,北欧并不缺少贸易公司,正如意大利不缺少行会一样。北欧的商人们效仿了意大利人开创的许多做法。[18] 有些生意规模不小。例如,德国著名的 *magna societas* 由三个家族企业组成,总部位于拉文斯堡,在巴塞罗那、热那亚和巴黎等城市都设有分支机构,派出代表参加欧洲大陆各地举办的经贸活动,并延续了 150 年,最终拥有 80 个合伙人和 12 万弗洛林的资本。尽管如此,北欧最重要的贡献还是行会和特许公司。

中世纪早期,法学家对罗马法和教会法进行了详细的阐述,慢慢地认识到"法人"的存在——这是人们的松散联合,希望被视为独立的集合式实体。这些"法人"包括城镇、大学、宗教团体以及商人组成的行会。这些组织遍布于中世纪社会中,在一个禁忌无处不在的时代"抱团取暖",互相提携,确保安全。这些组织还提供了一种让后代继承传统的手段,更不用说为后代留下可观的财富了。伦敦公司(The Corporation of London)可追溯至十二世纪，目前仍拥有伦敦金融城四分之一的土地，以及三所私立学校、四个市场和汉普特斯西斯公园。世界上最古老的一批公司都可追溯到这一时期。如果忽略像修道院这样的非商业实体，若论"最古老的公司"，那么成立于1136年的阿伯丁港务局（Aberdeen Harbour Board）当仁不让。[欧洲现存最古老的私人公司应该是瑞典的斯道拉·恩索（Stora Enso）集团，该公司以铜矿起家，1288年开始交易，1347年获颁皇家特许。]

这些长久不朽的组织显然令王室寝食难安。他们既不消亡、亦不成年、更不结婚，从而规避了各种来自封建君主的摊派费用。1279年，爱德华一世颁布了《死手律》，目的是限制土地转让给法人团体（特别是教会）的数量。未经君主许可擅自转让可能导致土地被没收。

所有这些措施都未能抑制公司机构的发展。在中世纪的大部分时间里，行会是最重要的商业组织形式。一个行会（基于撒克逊语的动词 *gildan*，意为"支付"）通常在一座城市的城墙以内享有垄断权，作为回报，行会需捐赠大笔金钱给君主。城邦官员制定质量标准，培训行会会员，任命公证人和经纪人，管理慈善工作，建立至今仍存在的富丽堂皇的行会会馆，并实施惩罚措施。在伦敦，在某个穿制服的行会里当了七年学徒的人可以成为自由人，免服兵役，并且获准在伦敦城的范围内从事自己的生意。

行会往往更像是商会而非公司，更注重保护会员利益而不是追求经济创新。事实上，中世纪的全盛时期一过去，他们往往便陷入卢德主义（Luddism）的漩涡。[1707年，德国船工行会成员伏击了法国发明家丹尼斯·帕潘（Denis Papin），并破坏了世界上第一艘蒸汽船，导致蒸汽动力直到一个世纪后才用于航运。]

行会与"依规设立的社团"密切相关，后者其实就是获得与特定外国市场贸易许可的独立商人组成的社团。与行会一样，这些机构也通过学徒制招募新成员，并定期进行同行评议（如今天所称），以筛除不太合格的成员。但它们有时也作为财团运营，即商人们集合起来共同谈判，以获得更好的原材料和货运价格（做法与威尼斯帆船出租人大致相同）。"依规设立的社团"中最成功的是伦敦斯特普尔公司，该公司成立于1248年，目的是控制羊毛出口。[19]1357年，该公司资助了爱德华三世的对法战争，作为回报则获得了羊毛出口收税权。1466年，亨利六世（Henry VI）将加莱的管理权赐予斯特普尔公司（包括对销入欧洲大陆的羊毛进口货物征收关税的权力），以换取类似的财援。

因此，虽然王室对于将权力让与法人团体仍感到不安，但这对它们的发展却至关重要。政府提供担保，而且给予市场的承诺对中世纪商人群体诱惑极大，正如当今政府对国防承包商的诱惑力一样。在接下来的几百年里，公司的故事将与北欧民族国家的海外雄心密不可分。

第二章
帝国主义者和投机分子

公元 1500 年—1750 年

十六世纪和十七世纪出现了一些当时世界上最著名的商业组织——"特许公司"——它们的名字几乎遍及世界的每一个角落("东印度""莫斯科""哈德逊湾""非洲""黎凡特""弗吉尼亚""马萨诸塞"),此外还包括那些太不显眼而没留下名字的公司("遥远国度的公司")。这些公司都是架构复杂的实体。1700 年,英国东印度公司的总部雇佣了 350 多人,超过了许多现代跨国公司。该公司也存续了很久,长达 274 年。哈德逊湾公司(The Hudson's Bay Company)成立于 1670 年,至今仍在营业,是世界上现存最古老的跨国公司。

特许公司代表着政府和商人合力攫取哥伦布、麦哲伦和达·伽马开辟的新世界的财富。这些人都幸运地获颁皇家特许状，这便赋予他们跟远离欧洲大陆的其他地方进行贸易的独家权利。因此，这些特许公司身兼公共部门和私营企业双重身份。有时，君主也会亲自持有公司股份，就像1664年柯尔伯（Colbert）代表法国国王成立本国的东印度公司时所做的那样。不过，总的来说，以英国和荷兰为首的欧洲北部各国政府更倾向于公司独立运营。

这些特许公司还借鉴了中世纪的另外两个想法。第一个想法是股票可以在公开市场上出售。发行企业股票的想法至少可以追溯至十三世纪。当时，在整个欧洲，人们都可以购买矿山和船舶的股票。[1] 在法国图卢兹，工厂的产权被分成若干股份，股东可以像出售房地产一样出售持有的股份。十六世纪和十七世纪的海洋资本主义则极大地扩展了这一理念，证券交易所也随之兴起。另一个想法——以前曾偶尔出现——就是有限责任。殖民化的风险极大，从投资者那里筹集大笔资金的唯一途径就是保护他们。

第一家特许股份公司是莫斯科公司（Muscovy Company），该公司最终于1555年获得特许状。之前二十年，一群伦敦商人派遣了一支船队，试图寻找一条通往东印度群岛的北方通道，结果不出所料，这是一次灾难性的尝试。船队中的一艘船到达了阿尔汉格尔，引起了沙皇伊万四世（Ivan IV）的注意。彼时，伊万四世渴望加强与英国的贸易往来。包括著名航海家塞巴斯蒂安·卡博特（Sebastian Cabot）在内的财团最终赢得莫斯科公司特许状，该公司暂时垄断了通往俄国港口的贸易路线（并鼓励继续寻找东北航道）。莫斯科公司通过出售可交易股票，筹集了足够的资金，为前往俄国的长途航行提供了资金。1630年后，莫斯科公司逐渐淡出人们的视线，但它催生了一大批寻求其他垄断的效仿者。

他们中的一些人将目光转向西方。理查德·哈克卢伊特（Richard Hakluyt）是一位杰出的地理学家，他激起了人们对美洲的兴趣，并说服伊丽莎白一世（Elizabeth I）向几组投资者颁发了特许状。他将自己1584年出版的著作《向西殖民论》（*Discourse on Western Planning*）呈交女王，该著作可称为第一份公司招股说明书。[2] 他认为，殖民美洲将"抑制西班牙国王的印度群岛"，后者派出的渔船"我们可以随意扣留";还能通过改变异教徒的信仰来促进"基督福音的传播";当然,它不仅会攫取北美的财富,而且还会让"欧洲、非洲和亚洲的所有商品"滚滚流入。[3] 弗吉尼亚公司顺利地从 700 多名伊丽莎白时代的"冒险家"那里[包括弗朗西斯·培根爵士(Sir Francis Bacon)]筹集到所需资金,但并未盈利。

主要的"大奖"来自东部。当时投资印尼香料之旅的风险类似于今天投资太空探索。事实上,两家主要的东印度公司成立之前的四分之一个世纪已经证明了为什么有必要颁发特许状,以及实行股份制和有限责任制。1582 年,由于未能找到一条东北航道,伦敦的商人们把希望寄托在一个叫爱德华·芬顿(Edward Fenton)的人身上。他按时出发,向大西洋深处航行。途中,他向船员们公布了一个新计划:占领圣赫勒拿岛,并"宣布占岛为王"。[4] 1591 年,商人们资助能力更强的詹姆斯·兰卡斯特(James Lancaster)。三年六周零两天之后,他的破船载着一堆微不足道的货物返航,除了二十五名船员外,其余一百九十八人都死于疾病和风暴。1595 年,荷兰人选择了前间谍科内尔·德·霍特曼(Cornells de Houtman）。他"血洗"了重要的爪哇港口万丹，杀死了一些当地人，还下毒害死了自己的一名船长，回国时损失了三分之二的船员。资助他的人由于香料价格上涨勉强保本，也就是说，他带回的数量可怜的香料刚好弥补了付出的成本。但出资人并不满足于此。香料市场仍然很小，几船货便足以使市场饱和。[5]

因此，不足为奇，荷兰的商人们更倾向于与政府资助挂钩。1602年，荷兰东印度公司［又称VOC（Vereenigde Oost-Indische Compagnie）或十七人（指十七人董事会）］最终从政府手中获得的垄断地位成为所有特许公司的典范。英国东印度公司最初将每一次航行视为一次单独的冒险，拥有不同的股东，而VOC则将所有航行视为长达二十一年的冒险的一部分（英国人十年后模仿了这一做法）。VOC的章程还明确告诉投资者，他们仅承担有限责任。荷兰投资者是第一批在一家正规证券交易所交易股票的投资者，该交易所成立于1611年，就在VOC总部办公室附近。阿姆斯特丹的资本中心地位可由一场市场崩盘来证明，即发生于1636年至1637年的"郁金香狂热"。

如果说荷兰人在国内开创了股市投机的先河,那么他们也为国外的帝国主义竞争定下了基调。VOC 的第一次远航目标简单:"无论在哪里发现西班牙人和葡萄牙人,马上全力进攻。"四十年内,VOC 在香料群岛确立了自己的主导地位,赶走了葡萄牙人,迫使英国人把注意力集中在印度。1621 年,荷兰人在大西洋区域也建立了一个类似 VOC 的公司,即西印度公司(Westindische Compagnie)。但他们仍专注于香料贸易。众所周知,1667 年,他们将其位于北美的小型贸易中心新阿姆斯特丹(即如今的曼哈顿)与英国控制的盛产肉豆蔻香料的卢恩岛进行了交换。

认为这些庞大的特许公司确立了未来两百年的商业规范,这是错误的。大多数的商业活动仍在小企业中进行,通常是合伙关系,所有的员工都可以聚集在一户家宅中。费尔南·布罗代尔(Fernand Braudel)声称,法国大革命前夕巴黎最大的银行也只雇用了三十人。[6] 在这一时期的不同时间节点,小型商户对股份制概念的热情有过短暂的爆发(十六世纪九十年代伦敦曾出现过一次热潮)。

不过，吸引眼球的还是那些大型特许公司。正是由于这些公司的为所欲为，时至1800年，许多改革者将股份公司视为危险且过时的公司形式。此种认识的主要证据来自这一时期最著名的公司（英国东印度公司），以及当时最著名的财务丑闻，即"南海泡沫"和密西西比公司的倒闭。

受人尊重的公司

东印度公司不仅仅是一个处于萌芽阶段的现代公司。这个"天下最庞大的商业组织"拥有一支军队，统治着世界的广大地区，开创了世界上最伟大的公务员制度，建造了伦敦的许多码头，甚至为詹姆斯·穆勒（James Mill）和托马斯·洛夫·皮科克（Thomas Love Peacock）这样的人提供了舒适的栖身之所。[7]

一切始于1599年9月24日。当时，一个由80名商人和冒险家组成的团体，包括黎凡特公司（Levant Company）的老员工和弗朗西斯·德雷克（Francis Drake）的几个船员，在伦敦的缔造者大厅会面。在市长斯蒂芬·索恩爵士（Sir Stephen Soane）的领导下，他们达成一致，请求伊丽莎白一世成立一家公司，与东印度群岛开展贸易。他们还选举了15名公司董事。起初，一切进展顺利：女王给予了临时许可。然而，她的枢密院在必要的文书工作上拖延不前。政客们担心这次航行会破坏与西班牙的和平条约，并且对于由谁来指挥这项冒险争执不下。王室中意的是贵族爱德华·米歇尔伯恩爵士（Sir Edward Michelbourne），他本人一直在为垄断东印度群岛的贸易进行游说。而商人们则声称更喜欢"一个同道中人"，而不是"绅士"，他们希望詹姆斯·兰卡斯特担任指挥官。

最终，商人们胜出。1600年12月31日，由218人组成的"与东印度群岛开展贸易的商人公司和总督"获批一项特许，得到15年的贸易许可，活动范围远至"东印度群岛、亚非各国和港口，以及往来于亚洲、非洲和美洲所有岛屿的港口、城镇，或好望角和麦哲伦海峡以外的任何地方"。两个月后，兰卡斯特带着五艘船起航。

1603年9月，兰卡斯特胜利凯旋。尽管遭遇了常见的灾难（到达好望角时，队伍中四分之一的人已经死亡），他还是在万丹建立了一家工厂，并带回了全部五艘船，外加500吨胡椒。不幸的是，局势生变：君主已变成詹姆斯一世（James I），而国王大人刚买了一船胡椒，因此坚持要先卖掉自己手中的胡椒。公司218名成员被告知，尽管他们每人已投资250英镑，现在必须再认投200英镑，才能支付下一航次的费用。

这家年轻的公司面临荷兰人和葡萄牙人的强烈抵制。米歇尔伯恩成了各式问题的源头：他说服詹姆斯一世让他去探险，然后掠夺了这家年轻公司的许多客户。该公司也很难满足外国客户的要求［例如，亚齐（Achin）的苏丹想要一位英国淑女当他的后宫妃子］。贪婪的商人们乐意效劳，甚至找到了一个"对音乐、针线活和语言表达都很在行"的女孩，但最终遭到了詹姆斯一世的反对。[8]

所有这些障碍都没有让这家年轻公司丧失信心。早期的航行利润丰厚。例如，1611年的第十次航行，其股东资本为46 092英镑，回报率高达148%。[9]公司还开辟了从红海到东印度群岛的新市场。到1612年，公司已有信心从一次资助一趟航程变为一次资助数支不同船队。1613年至1616年，公司首次公开发行股份，募集资金41.8万英镑；第二次（1617年至1622年）募集资金160

万英镑。[10]到1620年,公司已拥有30至40艘全副武装的大型船舶,每趟远航,船队都由12艘或更多船只组成。[11]

公司很快就将长达16个月的航程常态化。计划于冬季末期利用顺风出港的航线上,其最重要的货物是白银,通常由公司遍布欧洲大陆的代理商在国外购买(重商主义哲学反对直接从英国出口金属)。货物还包括其他易于交易的商品:铅、锡、汞、珊瑚、象牙、盔甲、剑、缎子和宽布。[12]在印度,这些物品大部分被换成了棉纺织品;然后,在香料群岛上,用棉纺织品交换胡椒、丁香和肉豆蔻。有时商船会拐到中国、日本或菲律宾,丝绸、靛蓝染料、糖、咖啡和茶叶也会成为装船的商品。但正常的返航路线是经过印度,一部分香料用来换成茶叶,而茶叶已成为欧洲市场的抢手货。[13]

所有这些活动都需要精细管理。相对于这家公司而言堪称前辈的多数机构(如黎凡特公司)只不过是监管机构,对那些真正从事融资和自营交易业务的财团进行监管。东印度群岛的商人们创造了一个双层结构。总董事会包括所有拥有投票权的股东;其中许多是来自法院和议会的大人物。日常管理工作交由董事会负责,24名董事全部由总董事会选举产生。总裁及其副手在日益增多的会计、职员和出纳员的协助下,通过七个分别专事会计、采购、通讯、航运、金融、仓储和私人贸易的委员会开展工作。董事会还需要监督数量庞大的派驻海外的代理商,这些人负责管理当地的贸易站或工厂。

这一复杂的结构取决于这些代理商的素质。他们经受着各种各样的危险考验,从军阀、疾病和气候,到不断出现的诱惑,尤其是充实自己"口袋"而不是雇主"口袋"的诱惑。公司特意挑选大股东的儿子来承担这一工作。通过支付丰厚的薪水以及将公司称为"家族"来换取忠诚,通过鼓励他们每天去教堂来灌输勤奋,同时严厉打击酗酒、赌博和奢侈之风。总部会根据统计平均数值来仔细审查这些代理商的业绩,并要求其亲朋好友对其能力进行保密评估。公司还让代理商发行债券,使公司免因不当行为而蒙受损失。

为了国王和国家

前述种种,听起来井井有条。然而,显而易见的事实是，东印度公司在十七世纪中叶差点倒闭。在英国，公司几乎"葬身"于政治斗争，尤其是英国内战（1642年至1649年）和奥利弗·克伦威尔（Oliver Cromwell）之手——后者更青睐自由贸易。在海外，公司实际上被手法凶残的VOC赶出了香料群岛。1657年1月，总董事会在一次紧急会议上同意以1.4万英镑的价格出售卢恩岛及其在苏拉特和万丹的工厂。但克伦威尔却作出了让步。同年10月19日，公司以新的章程获得重生，并建立起更稳定的基础：伦敦的商人们迅速认购了约78.6万英镑的股份。这家新公司，出于必要开创了一种规则，决定把更多的精力放在印度，并获得了极大的繁荣。和平时期一系列航行的成功，以及公司权力的急剧扩张——查理二世（Charles II）允许董事们获得土地并动用武力——都给公司带来了巨额利润。

到十七世纪末，东印度公司已成为一家组织严密的垄断企业；向英国王室提供了约两万英镑的海关关税。但它仍然是一个国家垄断机构，而且深陷政治泥潭。商业同行们对其霸权感到愤慨，野心勃勃的朝臣则密谋利益均沾。重商主义者指责它耗尽了这个国家宝贵的白银储备。非股东们对这些比他们更幸运的同胞得到的"战利品"愤愤不平(1680年,公司派发了50%的股息,每股股价高达300英镑。)。[14]即便是无利益关系的批评者也是满腹狐疑。一家垄断企业是否应该占到英国贸易的半壁江山?英国商人是否应该管理海外领地?一家公司是否应该拥有一支私人军队?

很快就有人提出了这些令人讨厌的问题,或者插手公司事务。1688年废黜詹姆斯二世(James II)的辉格党革命者促成了另一家公司与东印度公司展开竞争(两家公司最终于1708年至1709年合并)。1700年,英国政府禁止在英国销售亚洲丝绸和高档棉花,迫使东印度公司把目光转向中国茶叶,开辟出另一桩利润丰厚的生意。

东印度公司也深深地卷入了印度政治。长期以来,公司在与当地人合作或直接控制之间摇摆不定。由于当地人能力有限,加之代理商们发现通过税收可以拥有固定收入,公司遂逐渐滑向直接控制。尽管如此,到1700年,在印度的英国人还不到1 500人,其中大多数人住在加尔各答戒备森严的威廉堡等营地,他们还不得不与同样陷入窘境的法国东印度公司(French Compagnie des

Indes)"共享"印度。

决定东印度公司命运的关键人物是"印度的克莱武"(Clive of India)。克莱武(Robert Clive)是一个性情暴躁的职员,已两次试图自杀。他是1746年法国占领马德拉斯时寥寥几个逃脱的公司职员之一。1751年,他率领800人大胆突袭并攻占了要塞城市阿尔果德;更引人注目的是,他随后击退了法国和印度军队长达50天的围攻。在英国短暂停留后,他于1756年被诱返马德拉斯,重新夺回加尔各答,然后在普拉西战役中击败了孟加拉的纳瓦布。1764年,英国人在伯格萨尔战胜了莫卧儿皇帝,巩固了东印度公司对孟加拉的控制,为接下来的收购——或充满火药味或和气生财——铺平了道路,而法国人则完全沦为了旁观者。

桂冠诗人威廉·怀特黑德(William Whitehead)慨叹:"商业使战争的神经紧绷,治愈了劫掠带来的苦难,以及新的征服需要新的实力。"但许多英国人对此表示不满。克莱武困扰于有关孟加拉邦被掠夺的问题。东印度公司的员工因炫耀财富而成为俗不可耐的代名词,以至于他们催生了英语的一个新词:nabobs或nobs。"英国现在是什么？印度财富的聚宝盆，"霍勒斯·沃波尔（Horace Walpole）对此愤愤不平。

1767年，东印度公司通过承诺每年支付40万英镑来平息议会的反对声浪，以换取不受干扰地占有孟加拉的财富。但它打错了算盘：1772年，为避免破产，公司被迫申请100万英镑的巨额贷款。这笔贷款由勃艮第委员会一份言辞激烈的议会报告引发。该报告揭露了公司的许多不当操作，最后直接导致克莱武自杀谢罪。但他的死并没有消除丑闻的味道。1773年至1784年，印度第一任官方总督以及英国对莫卧尔帝国实施更严密控制的总设计师沃伦·黑斯廷斯（Warren Hastings）遭到议会弹劾，尽管漫长的审判最终令他安然无恙。

然而，正是在克莱武和黑斯廷斯的领导下，东印度公司将自己转变成了某种形式的政府——"国中之国"（正如一位董事承认的那样）。随着税收取代商业利润，伦敦和印度的董事会、理事会及委员会数量激增。公司出航的船只上装载着士兵和枪支，而不是棉布。即使在业务范围严格限于商贸活动的中国和远东地区，公司也面临着更为灵活的私营企业家的竞争。皇家海军的崛起和海事保险的普及降低了对外贸易的风险,实际上削弱了特许垄断存在的理由。[15]

不出所料,批评者认为这个政治色彩愈发浓厚的机构应该实施国有化了。1773年,议会作出的让东印度公司垄断北美茶叶贸易的决定导致了"波士顿倾茶事件",甚至引发了后来的美国革命。1784年,威廉·皮特(William Pitt)的《印度法》(India Act)强制成立了新的政府控制委员会,尽管该委员会依然让董事们负责其日常事务。公司也卷入了关于奴隶制的争论漩涡。十八世纪九十年代,伊丽莎白·海里克(Elizabeth Heyrick)发起了首次消费者抵制行动,敦促她在莱斯特的同胞停止购买来自西印度群岛"沾满血迹"的糖;公司最终被迫从没有奴隶的孟加拉邦食糖生产商处进货。

十九世纪,政府利用每二十年更新一次东印度公司特许权的做法,使其受到更严格的管制。1813年,政府废除了对贸易的垄断。1833年,政府完全剥夺了公司的贸易权,使之成为一家管理公司。1853年,随着员工竞争性考核机制的引入,公司失去了仅存的人员任命权。当1857年印度兵变爆发时,公司成了暴乱的替罪羊(这并非完全不公平：一位修正主义历史学家辩称，这场事变与帝国主义无关，甚至与强迫印度教徒使用猪皮袋也没有多大关系，真实原因是公司扼杀了本地人期望甚殷的就业机会）。[16] 东印度公司的军队转给了王室，海军遭解散，并且，当特许权于 1874 年 6 月 11 日到期时，这个非凡的组织悄无声息地淡出了历史舞台，其影响甚至还不如一家地方铁路公司的破产。

约翰·劳和财富之神

早期的股份公司是猖獗的金融投机和经济帝国主义的工具。十八世纪初，法国和英国政府利用法国密西西比公司和英国南海公司这两家特许公司重组了 1689 年至 1714 年战争期间积累的巨额债务。他们的目的是通过将支付固定利息的政府年金转换成低收益的股票来降低偿还公共债务的成本。结果，这番动作导致了史上最大的金融泡沫，甚至比美国二十世纪二十年代的泡沫还要大。

引发这场灾难的人是约翰·劳。[17] 他是一个富有的苏格兰人的儿子，在伦敦度过了放荡不羁的青年时期，沉迷于女色和赌博，亦精于数学。在一场决斗中杀死对手后，他最终被迫逃到阿姆斯特丹，并通过金融投机积聚了巨额财富。1704年，他带着能被王室赦免的希望和计划引进纸币的雄心回到苏格兰。但王室的赦免迟迟不见踪影，他只好带着他的计划回到了欧洲大陆。

他的"大爆发"在1715年到来，当时那位放荡的年轻摄政王——奥尔良公爵菲利普——接替了路易十四（Louis XIV）的王位，他跟劳在巴黎的赌场相识。1716年5月，劳说服公爵允许他成立一家银行，负责发行纸币。他的计划是通过引入纸币来拯救法国，以摆脱猖獗的通货膨胀、硬币短缺和不稳定的币值。摄政王在新银行存了一百万里弗尔，命令法国税务征收人员用纸币向财政部汇款，并要求公众用纸币纳税。1718年12月，这家资产超过1 000万里弗尔的银行更名为皇家银行（Banque Royale）。

在控制了法国的货币供给后，劳竞购了属于西方公司（Compagnie d'Occident）的交易特许权。他将该公司重新命名为密西西比公司，并将法国国债的一部分转换为该公司的股份。不久之后，这家密西西比公司收购了一系列海外贸易垄断企业,并将皇家铸币厂投入其中。一个垄断企业就这样控制了世界上最强大国家的整个殖民地贸易。

劳为其业务发行了大量股票。他通过宣布慷慨的分红,并允许现有股东以优惠利率购买更多股票,使投机热"高烧不退"。他最大胆的举动发生在1719年,当时他提出将全部国债从债券转换为公司股票;他还出巨资获得了皇家税收的征收权。他通过发行大量股票为这一切做法融资。

大众掀起狂热追捧。成群的投资者——从官员到侍从——挤爆了劳的办公室。据报道,来自威尼斯、热那亚、德国、英国以及法国各省的大约20万投资者聚集在巴黎。劳允许投资者分期付款购买股票,每月支付购买价格的10%;同时,他还向皇家银行提供股票担保贷款。1718年12月25日至1720年4月20日,皇家银行发行的纸币价值从1 800万里弗尔上升到26亿里弗尔,密西西比公司的股价高达10 000里弗尔。在泡沫最严重的时候,劳推出了看涨期权,允许投资者支付1 000里弗尔的押金,以获得未来六个月内购买10 000里弗尔股票的权利。

一位观察家感慨:"法国现在有多少财富是不可想象的。每个人嘴里谈论的金钱都上百万。我完全不理解。但我清楚地看到,财富之神已成为巴黎的绝对君主。"[18]

劳对中央银行和股票市场的控制,使他避免了公司实际经营业务这一令人乏味的问题。劳喜欢告诉贵族们,密西西比公司为殖民地的传教工作提供了一个极好的机会:他甚至用船把印第安人作为标本带到了巴黎。[19] 但密西西比公司在北美的实际业务,无论是宗教性的还是人类学的,都乏善可陈。法国控制的路易斯安那北美属地贫穷落后。正如尼尔·弗格森(Niall Ferguson)所言,劳不得不征召孤儿、罪犯和妓女来填充其"梦想之地"。

泡沫不可避免地破灭了。1720年岁初,越来越多的投资者开始放弃这家密西西比公司(许多人将投资转移到伦敦新出现的牛市上)。作为总控制人,劳竭尽全力,试图阻止资本外流。不管如何努力,他的股票和纸币持续贬值。他不得不废弃纸币,关闭银行。1720年12月,他拿着假护照逃到布鲁塞尔,将陷入混乱的法国留在身后。

南海泡沫和蠢人转盘

南海公司的"闹剧"并没有达到密西西比公司的高度。英国人有很多优势，包括1694年成立的辉格党控制的英格兰银行（Bank of England）不受保守党支持的南海公司控制；事实上，英国常年征战不断。[20] 当南海公司的股价开始下跌时，公司高管永远无法使用交易管制条例。不过，整个骗局并无二致。

南海公司成立于1711年，垄断跟西属美洲的贸易往来。到1719年，与西班牙的战争扼杀了此项业务，因此董事们决定将重心转为公共债务市场。整个计划的设计者是约翰·布朗特（John Blunt），一个富有的浸信会鞋匠之子，他有把圣经的语言变成广告语的天份。（"世界上最好的事找上你了，"他曾说。"欧洲所有的钱都将围着你转。地球上所有的国家都会向你进贡。"）[21] 他公司的董事大部分是显贵名流，包括爱德华·吉本（Edward Gibbon）的祖父。[22]

1720年1月21日，一份议会公告宣布，南海公司将接管整个英国国债,吸收资本价值约3000万英镑的年金。甚至在4月7日该措施颁行之前,南海公司的股价就从1月份的128英镑迅速涨至2月中旬的187英镑。公司股票在数小时内被抢购一空。截至7月初,股价已飙升至950英镑,外国投资者也争相涌入这一"盛宴"。即使没有劳的先例,这也算大好时机。人们普遍认为,公共债务需要尽快退出。整个国家沉浸在对法国取得军事胜利的兴奋之中,情绪高涨。[23] 当时还出现了创建小型新公司的热潮,其中许多公司是为了利用政府授予的专利而设立,这反过来又催生了一种新型职业:交易这些公司股票的人——那些光顾交易大厅附近的咖啡馆,并在那里交易的投机者。

南海公司的董事们竭尽全力刺激这一市场,使用了与约翰·劳相同的手段,并特别关注新的金融媒体。南海公司股票的报价甚至出现在当地报纸上,比如《普利茅斯周刊》(Plymouth Weekly Journal)。威廉·霍加斯(William Hogarth)用他的漫画《蠢人转盘》(The Carousel of Fools)嘲讽了这一投机狂热。不幸的是,董事们的工作做得太好了。大量的成立新公司的申请淹没了交易大厅，迫使南海公司董事会说服他们的政治盟友通过了后世戏称的《1720年6月11日泡沫法案》（Bubble Act of June 11, 1720）。该法案使得设立新的股份公司极为困难，从而减少了与南海公司争夺资本的公司数量。

这项法案执行了一个世纪，严重制约了公司的发展。而且这项法案也毫无意义，因为南海公司当年夏天的倒闭痛击了整个市场。到当年8月，一场致命的信贷紧缩袭击了伦敦市场。到10月份，公司股价回升至170英镑。最终，政府有效地将公司国有化，给投资者留下了巨大的损失，但挽救了大部分金融系统。[24] 尽管如此，财政大臣和公司的几位董事难辞其咎，沦落至伦敦塔。而首相罗伯特·沃波尔爵士（Sir Robert Walpole）所说的"永远不会被遗忘或原谅的南海骗局"仍然诅咒着各种股份公司。[25]

行尸走肉

这些骗局给公司造成的损失是巨大的。这些机构从一开始就触犯了众怒。例如，爱德华·科克爵士（Sir Edward Coke）曾抱怨："他们不能犯叛国罪，也不能被剥夺法律上的权利或被逐出教会,因为他们没有灵魂。"两百年后,大法官爱德华·瑟洛(Edward Thurlow)重复了他的话:"公司既没有接受惩罚的躯体,也没有遭受谴责的灵魂,因此,他们为所欲为。"[26]

它们真有那么坏吗?南海公司和密西西比公司都骗取了成千上万投资者的钱。更糟糕的是,特许公司经常发现自己的双手"血迹斑斑"。他们首开奴隶制的先河(我们将在下一章更详细地讨论这个问题)。在印度,东印度公司威吓当地的竞争对手,尤其是印度本土的靛蓝种植者。1773年,一本匿名的小册子写道:"印度人备受折磨,不得不将财富拱手相让;城市、城镇和村庄被洗劫一空,各地的岁入惨遭劫掠:这些就是公司董事和他们的走狗'乐此不疲之事'和'笃信的宗教'。"[27]克莱武对此的辩解部分基于他对印度是所有跨国恶棍的避难所这一认识:印度是一个未开化的粗野蛮荒之地,所以鱼龙混杂。

另一方面,在北美,特许公司有时扮演着更开明的角色。弗吉尼亚公司的财务主管埃德温·桑迪斯爵士(Sir Edwin Sandys)在英国下议院发表演讲,质疑任何统治者和被统治者之间无共同契约的政府之合法性，这一言论让詹姆斯一世大为恼怒。1619 年，弗吉尼亚公司有效地将代议制民主引入殖民地，成立会员大会，由所有成员选举公司高管。[28] 约翰·温思罗普（John Winthrop）于 1630 年带领马萨诸塞走上了同一条道路——马萨诸塞公司的总董事会将公司转变为一个联邦，将"自由人"从商业企业的股东重新定义为公民。[29] 大体而言，总董事会日益演变为反叛色彩愈发浓厚的州立法机关。

经济自由主义者提出了一系列不同的指控。亚当·斯密对东印度公司在孟加拉的肆意妄为非常关注。他对两件事情不满。首先，他不喜欢特许公司拥有垄断的事实（其实这些垄断正被特许和秘密竞争稀释，甚至就是在他草草表态的时候）。对他来说，特许公司"要么是负担，要么一无是处"，它们"要么管理不善，要么进行限制性交易。"[30] 其次，他认为，股份公司天生就不如独资公司有效率。他特别担心"代理"问题：雇佣的职业经理人不会像所有者管理那样对公司的利益产生同等的"焦虑性警醒"。"因此，疏忽和浪费必然会永远占上风……"

然而，特许公司可以在这两方面为自己辩护。首先，正如我们已经看到的，考虑到与位于世界另一端的遥远国度进行贸易的巨大风险，特许垄断确实有一定的意义。[31] 无论重商主义有何优点，北欧模式，即国家将帝国主义转包给公司的做法，已证明远胜南欧模式（特别是西班牙），即皇室直接赞助对外扩张的经济帝国主义。

至于斯密的第二项指控——特许公司的效率低于业主管理的公司——也存在争议。尽管存在种种缺陷，东印度公司证明，当信息稀缺且信任度高时，一家公司可能比在市场上进行交易的单个代理人更有效率。东印度公司可信度颇高的代理人网络收集了任何扎根于某个本地市场的私人商人永远无法收集到的信息（其分类账簿光是列出一次航行中购买的货物，就用了 200 页）。公司利用这些知识建立了一个复杂的交易系统，以达到自己的目的。[32]

东印度公司向前迈出的另一大步是为公司员工提供了保障。早在政府雇员被称为"公务员"之前，公司的管理人员就使用了这一称号。在对沃伦·黑斯廷斯的弹劾中，埃德蒙·伯克将公司的规则描述为"一个起草文件的政府和一个进行记录的政府"。[33] 詹姆斯·穆勒将他在东印度公司的工作与撰写《政治经济学要素》（*Elements of Political Economy*，1821）结合起来，解释称"这项业务虽然很辛苦，但对我来说非常有趣。这正是我与之打交道的管理着六千万人民的内部政府之精髓。"

与所有官僚机构一样，这个机构也有它低效率的地方。詹姆斯·穆勒的儿子约翰·斯图尔特·穆勒在办公室里写下了《逻辑体系》（*System of Logic*，1843）和《政治经济学原理》（*Principles of Political Economy*，1848）的大部分内容，他发现"办公室工作与我从事的其他脑力工作一样，其实就是休息。"[34] 托马斯·洛夫·皮科克实际上是东印度公司最敬业的员工之一，他曾写了一首打油诗，讽刺办公室生活所固有的浪费时间的现象：

> 十点到十一点，我们吃早点；
>
> 十一点到十二点，开始工作还早了点；
>
> 十二点到下午一点，"干点啥？"
>
> 一点到两点，无事可干；

两点到三点便可预知；

三点到四点一定无聊透顶。

任何为诗人和哲学家提供休憩之所的机构都不可能完全一无是处。尽管如此，还是必须采取一些措施来重振公司的活力。这是我们下一章的主题。

第三章
漫长且痛苦的诞生

公元 1750 年—1862 年

1733 年,爱尔兰讽刺作家塞缪尔·马登(Samuel Madden)出版了一部早期科幻小说。这本名为《二十世纪回忆录》(*Memoirs of the Twentieth Century*)的小册子预言,那个遥远的时代将有两大公司主宰世界:皇家渔业公司和种植园公司(分别由腓特烈一世和乔治三世创建)。[1]作为两百年后公司影响力的预言,这简直是诡异的先见之明——由于马登在与一个衰落中的经济组织打笔仗,这一先见更显诡异。

除了合伙企业和各种形式的非法人公司之外,股份有限公司(即国家法规认可的公司)在下一个世纪的表现也很糟糕。英国人和法国人对此类机构疑虑重重。"他们落后于时代,"一位宾夕法尼亚殖民地的总督怒吼道,"他们属于一个过去的时代。"[2] 当然,仍有新公司获得了特许权,但手续繁琐复杂。直到十九世纪二十年代以后,法律和经济环境发生了综合变化,现代公司才开始成形。[3]

奴隶贩子和实业家

在英国,由于"南海泡沫"而产生的对股份公司的偏见,后来因慈善公司和约克建筑公司的丑闻而进一步加深。正如我们已经注意到的,具有讽刺意味的是,《南海泡沫法》(South Sea Bubble Act)在丑闻中得以保留。该法要求每一家股份公司都拥有一份来自议会的特许状,这便在资金、时间和不确定性方面平添了巨大的成本。大多数英国商人倾向于其他类型的组织,如合伙企业和各种非法人公司(合伙企业试图通过使其股份可以自由转让,并采取措施限制未直接参与业务的合伙人的能力,模仿特许公司的某些做法)。[4]

出现了几轮蜂拥而上设立股份制公司的热潮,其中最引人注目的就是修建运河。1758 年至 1803 年，有 165 项运河法案提交议会。拿破仑战争引起了另一场骚动：1808 年 1 月，42 家公司成立，其中多数是为了让英国人喝醉。1824 年第一季度，有 250 项成立公司的私人法案提交议会，其中许多是保险公司。[5] 这显然是一个杂乱无章的时期。

从现象上看，英国经济中最具活力和争议的两个部分——奴隶贸易和不断壮大的实业部门——与股份制公司相比，都倾向于合伙制（有时也选择合资制）。到十八世纪，皇家非洲公司（Royal African Company）和所有其他为奴隶贸易而成立的特许公司一样，财政上都一败涂地。[6] 随着英国奴隶贸易从伦敦转移到布里斯托和利物浦，皇家非洲公司开始与部分富有商人建立合伙关系。1750 年，政府正式开放了英国的奴隶贸易，交由一个组织控制［即非洲贸易商公司（Company of Merchants Trading to Africa），它接管了皇家非洲公司的港口和要塞］。

解除了管制的生意一飞冲天，空前繁荣，奴隶贩子们很快就在财富上与东印度公司的大亨们不相上下。1757 年，一笔巨额政府贷款的主要出资人——理查德·

奥斯瓦尔德（Richard Oswald，一位格拉斯哥商人、政治掮客和奴隶贩子）——在大西洋两岸都拥有财产（包括塞拉利昂附近的本斯岛的一部分，他的合伙企业在那里建了一个高尔夫球场，球童是身穿苏格兰格子裙的黑奴）。到1798年，每年约有150艘船只驶离利物浦前往非洲。在十八世纪的最后十年，当一位首相猜测本国四分之三的海外收入来自与奴隶有关的生意时，英国已贩运了约40万名奴隶。

然而，布里斯托和利物浦的奴隶贩子们是通过小规模的合伙来做生意，就像他们在波尔多、南特和罗德岛的竞争对手一样。六七个商人（通常沾亲带故）资助了大部分的奴隶贩运。布里斯托商人艾萨克·霍布豪斯（Isaac Hobhouse）在1722年至1747年间资助了44次航行，他只有七位合伙人，其中两个是他的兄弟。在罗德岛，约翰·布朗（John Brown）也带着他的兄弟们加入了这一行当。事实上，正如休·托马斯（Hugh Thomas）在他的贸易史中所写的那样，欧洲和美国的奴隶群体日益演变为"大家族的一部分：蒙塔杜恩人、奈拉克人、弗奇斯人、坎利夫人、莱兰人、霍布豪斯人、德沃尔夫人、布朗人。"⁷ 即使是这些"帝国",规模也不大:规模最大的蒙塔杜恩家族在南特也只不过资助了 80 多次贩运。通常,合伙人无所不为,奴隶只是家族经营的众多商品之一。

股份公司也不受早期实业家的欢迎。对理查德·阿克赖特(Richard Arkwright)、亚伯拉罕·达比(Abraham Darby)和约西亚·韦奇伍德(Josiah Wedgwood)这样的人来说,合伙制比股份制公司更有意义。制造业企业所需的资本并不多。一群兰开夏纺织厂主就可以筹集足够的资金来建造一座新工厂。至于有限责任,在某种程度上被视为一种弱点而非优势,因为它弱化了合伙人的承诺。十九世纪二十年代英国最富有的实业家老罗伯特·皮尔爵士(Sir Robert Peel,他那位同名的儿子日后出任首相)曾说过,"只要工厂将经营成功与否跟合伙人或监工的利益挂钩,没有哪个工厂管理不好。"⁸ 十九世纪五十年代出版的伊丽莎白·盖斯凯尔(Elizabeth Gaskell)的《南方与北方》(*North and South*)一书中,桑顿先生是工厂的"主宰",直接与工人打交道。他的房子就在工厂附近,因而他母亲有此名言:"工人们做工时不断发出的低沉声音"就像是"一群蜜蜂的嗡嗡声",吵得她无法安宁。

值得注意的是,实业家很大程度上和奴隶贩子一样,能够将企业的所有权和管理权固定在一个小圈子内。博尔顿—瓦特公司就是如此。马修·博尔顿(Matthew Boulton)继承了伯明翰的一家小五金企业。到1769年,借助贿赂、对新知的渴求和精明的联姻,用约西亚·韦奇伍德的话来说,他已经是"英国第一制造商"。他的Soho工厂雇佣了800名工人生产金属盒子、纽扣、链条和剑柄,而且这家工厂非常有名,甚至安排了向导,专门引导游客参观。(人们同样对博尔顿集中供暖的Soho豪宅惊讶不已。)1774年,他与苏格兰研究蒸汽机的先驱詹姆斯·瓦特(James Watt)合伙,彼时,瓦特第一个合作伙伴兼出资人刚刚由于一个糟糕的矿业投资破产。1776年3月8日,他们在伯明翰演示了瓦特的机器——此种机器很快成为煤炭业和棉纺业不可或缺的设备。到1800年两人退休而把生意交给子孙打理时,博尔顿和瓦特已跻身英国最富有者之列。当时英国每年生产1 500万吨煤炭,大约是欧洲大陆总产量的五倍。

与奴隶贩子一样,实业家仰赖于政府某种程度的许可。博尔顿和瓦特最初的举措之一,就是从议会获得专利——这让竞争对手们愤怒不已,纷纷抱怨说这些专利范围太广,甚至可以用于"一个精美暖和的抽水马桶"。但博尔顿和瓦特仍然坚定地保持着私人合伙关系,由两个人经营,榨取他们雇用的另一位天才发明家威廉·默多克(William Murdock)。如果默多克是合伙人,可能会为他们赚更多的钱——在十八世纪八十年代,也就是斯托克顿—达林顿铁路公司(Stockton-Darlington Railway)诞生四十年前,默多克已完成了一个蒸汽机车计划,瓦特二话不说便驳回了这项计划,并认为"一个有轮子的运输车没什么用处"。[9]

美国方案

在英国,股份公司的边缘地位很容易归咎于南海公司的不当行为。相比之下,在新独立的美国,公司则需要为国家的存续担责。

早期的美国各州利用特许公司,拥有特殊的垄断权,建设了这个新生国家若干重要基础设施——大学（比如，作为美国历史最悠久的机构，哈佛大学于1636年获得特许而成立）、银行、教堂、运河、市政设施和公路。第一家商业公司可能是新伦敦贸易和商业协会，这是一家康涅狄格州的贸易公司，于1732年5月特许成立。有意思的是，康州议会于1733年2月在一年内撤销了给予该公司的特许。这种"出尔反尔"的做法可以说明为什么十八世纪末以前商业公司极为少见；事实上，直到1781年，商业公司才出现在美国南方。[10]

独立后，这种局面有所改变。诞生于1781年的北美银行是第一家由大陆会议特许成立的美国独资公司。1791年成立的新泽西用品制造业协会是美国宪法获批后成立的第一个协会。1795年，北卡罗来纳州通过了一项法案，允许运河公司在没有得到具体许可的情况下组建。四年后，马萨诸塞州给了供水公司同样的待遇。到1800年，全国共有335家商业公司，其中近三分之二在新英格兰地区。运输公司（包括运河与收费路桥）是最常见的公司形式，其次是银行业。制造业和贸易公司只占公司总数的4%。[11]

这些公司中的大多数都享有垄断地位，但是，众所周知，政府总是变化无常，一时兴起就会对特许地位作出改变。例如，1792年，出于纯粹的政治原因，马萨诸塞州议会修改了马萨诸塞银行的特许。二十年后，一位律师成功地辩称，"政府和公司之间签订合同的概念""太过离奇，完全不需要遵守。"商人永远不会认为组建公司就能获准享有持久的权利。[12]［相反，即使是最有权势的政治家也无法拯救一个坏主意造成的损失：波托马克公司（创建于1785年）使波托马克河达到了通航条件，该公司曾四处炫耀，声称乔治·华盛顿（George Washington）是公司总裁，托马斯·杰斐逊（Thomas Jefferson）是公司董事。但这家公司还是失败了。］[13]

华尔街的缓慢发展无助于解决问题。逐渐取代费城而成为主要交易所的纽约场外市场，其波动性众所周知，部分原因在于严重依赖反复无常的英国资本。它们还关注政府债券。直到1798年纽约保险公司上市，华尔街才开始交易公司股票。美国早期的大亨，如约翰·雅各布·阿斯特（John Jacob Astor）和斯蒂芬·吉拉德（Stephen Girard），都是交易所的深度参与者，购买了大量政府债券。不过，他们自己经营的企业却是私人合伙企业，与美国的奴隶贩子布朗家族以及早期的实业家伊莱·惠特尼（Eli Whitney）并无二致。

放飞公司

大西洋两岸的商业仍然植根于合伙关系，这一事实并没有使合伙制变得完美。非有限责任限制了公司的融资能力。主要合伙人甚至是继承人的过早死亡往往会扼杀公司：查尔斯·狄更斯关于家族企业的伟大小说《董贝父子》（*Dombey and Son*）一书中，董贝先生遇到的问题，即源于他儿子的死亡。合伙关系是各种心存恶意之徒眼中的猎物。董贝把他的日常业务委托给詹姆斯·卡克，直到卡克和董贝的妻子私奔后，他才发现自己做得有多糟。合伙关系根基不牢。商人们之所以坚持此种公司形式，是因为他们不喜欢政府介入他们的私人事务。

十九世纪上半叶，政府开始逐渐退出。这一情况首先出现在美国，由于实行联邦制度，比起英国，这是一个更零碎也更复杂的进程。三个领域促成了这一变化。

最重要的是铁路,我们稍后讨论。其次是法律。1819年关于达特茅斯学院地位的一项裁决中,最高法院确认各种各样的公司都拥有私权,因此各州政府不能随意变更特许内容。

最后一个是政治。由于担心政府正在失去潜在的商业机会,特别是新英格兰地区,立法机关开始慢慢放松对公司的控制。1830年,马萨诸塞州立法机关决定,公司无需从事公共工程即可获得有限责任特权。1837年,康涅狄格州更进一步,允许大多数行业的公司在没有特别立法的情况下注册成立。

这种各州政府间的竞争可以说是某种现象的首次浮现,这种现象后来被戏称为"互拼下线"——各地政府争相为企业提供更大的自由来维持其业务(就像他们后来争相向各汽车公司抛出税收优惠措施,吸引后者到其所在州建厂一样)。尽管如此,值得注意的是,各州也牵强地舍弃这些特权,以及对"他们的"公司设置财政和社会限制。1831年特许成立的宾夕法尼亚焦炭和钢铁公司被迫在三年内仅使用烟煤或无烟煤工艺生产500吨铁。[14]新泽西州一家银行的特许令要求该公司帮助当地渔业。1881年之前,纽约将有限公司资本限定为200万美元,到1890年变为500万美元。1848年,《宾夕法尼亚州通用制造法》(Pennsylvania's General Manufacturing Act)对制造企业设定了20年的限制。直到1903年,几乎一半的州将公司许可的有效期限制在20到50年之间。整个十九世纪,当公司被认为未履行其职责时,立法机关均可撤销许可。

米德尔马契效应

在欧洲,关于是否要切断公司与公共工程之间的"戈尔迪之结",也出现了激烈的争论。随着约翰·劳逐渐被人淡忘,法国放松了规则,尽管断断续续。1807年,除了必须由政府授权的庞大的老牌股份有限公司外,一种新的商业形式在企业家中悄然兴起。这是一种股份可转让的合伙制。这种公司形式赋予了那些沉睡(不活跃)合伙人有限责任,只需注册即可设立。[15] 另一个先驱是瑞典,这里早在1848年就在法律上认可了股份公司。

尽管如此,只有法律学究才会对《乌托邦有限公司》

中的豪言壮语(即维多利亚时代的英国诞生了现代公司)提出异议。整个十九世纪上半叶,世界上最重要经济体的领导人都在致力于摆脱商业法律的束缚。议会使货币可以兑换成黄金(1819年),放宽了限制性的联合劳动法(1824年),开放了东印度公司的市场以引入竞争(1834年),并于1846年最终废除了倡导保护主义的《谷物法》。

他们也开始着手解决公司法的问题。1825年,议会废除了令人烦恼的《泡沫法案》。改革者呼吁对未经注册的公司给予法定承认,但保守派法官对此持怀疑态度。例如,埃尔登勋爵(Lord Eldon)坚持认为,试图在没有议会优先法案或皇家特许的情况下作为一家公司行事,这违反了普通法。[16] 尽管有人试图加快获得特许的进程,但所需费用仍然居高不下——约为402英镑——而且充满政治风险。[17]

关键的变化出现在铁路,以及这一行业对密集资本的需求。1830年,乔治·斯蒂芬森(George Stephenson)父子设计的"火箭号"机车开始沿着世界上第一条定期客运铁路"利物浦—曼彻斯特线"飞驰而下。到1840

年，英国已建成总里程达两千英里的全国铁路骨干网，全部由特许股份公司修建。每条线路都需议会法案通过：从1827年的每年5条线路，到1836年升至29条线路。同年，为了阻止日益增长的"铁路狂热"，议会将贷款限制在特许铁路资本的三分之一，并且在一半的股本付清前禁止任何借贷。在1844年的《铁路法》中，政府保留了回购任何运营满21年的铁路线路的权利——这项权利在一个世纪后的国有化热潮中出人意料地发挥了重要作用。但这一切仍无法阻止这股热潮：1845年通过了120项铁路法案，1846年有272项，1847年有170项（涉及总价约4 000万英镑的资本）。[18]

虽然这些公司是公开交易的，但铁路的大部分实际资金来自政府和当地商人（他们从城镇与铁路网的连接中获得的收益最多）。1835年给伦敦银行家的一份通知发出警示："我们恳请大家注意，曼彻斯特以北所有铁路建设资本中，证券交易所成员提供资金的还不足二十分之一。"[19]但可交易股票的重要性增加了，特别是当铁路开始发行优先股时，它提供了一个有保证的股息率（使其价值更容易为投资者计算），但根据政府的债转股规则,它们被算为股本:到1849年,它们已占铁路股本的三分之二。[20]

这些股票大多在地方交易所进行交易,比如对于伦巴底街而言遥不可及的兰开斯特,前者对公共债务的兴趣仍高于私人股本。铁路狂热被越来越多的铁路报纸所煽动,如《铁路快线》(*Railway Express*)、《全球铁路》(*Railway Globe*)和《铁路标准》(*Railway Standard*)。1843年的《经济学人》(*Economist*)杂志创刊号中,专门讨论货币市场和股票价格的"商业市场"专栏还不到总篇幅的十分之一。它强烈谴责铁路投机行为,预测这将是一场"普遍的国内灾难"。但1845年,该刊推出了篇幅达九页的专题报道《铁路观察》(*Railway Monitor*),从而大赚一笔,并声称所有财经报刊都应具备这一栏目。[21]

铁路并不是唯一的变革力量。到1850年,英国有两千英里的电报线路。1845年,伊桑巴德·金德姆·布鲁内尔(Isambard Kingdom Brunel)的"大不列颠号"成为第一艘横渡大西洋的螺旋桨驱动船。随着英国经济的开放,企业主和职业经理们感到约束不断减少。"竞争,竞争—新发明,新发明—改变,改变—世界从我身边飞速掠过。我几乎不知身在何处,更不知道我的顾客在哪里。"所罗门大叔在《董贝父子》中对沃尔特·盖伊叹息道。(顺便说一句,那个邪恶的卡克被火车撞死了。)《米德尔马契》(*Middlemarch*)是乔治·爱略特(George Eliot)十九世纪七十年代的作品,故事背景是一个即将与铁路相连的集镇,但它完美地捕捉到了当时现代技术所产生的恐慌和无限可能。

维多利亚大辩论

十九世纪四十年代,政客们终于在英国混乱的公司法上取得了真正的进展。在这十年的早期,法律混乱导致骗局横行,不仅涉及铁路,还涉及狄更斯在1843年的作品《马丁·瞿述伟》(*Martin Chuzzlewit*)中抨击的保险公司。1844年,贸易委员会主席威廉·格莱斯顿(也是同年那部施加严格限制的《铁路法》的发起人)推动通过了《股份公司法》。该法律允许公司不必获得特别许可,依照相关规定通过简单的注册即可成立。[22] 但该法律未涉及自动承担有限责任这一关键要素。

有限责任仍然为许多自由主义者所憎恶。记住,亚当·斯密一直坚信,所有者管理的公司是一个更纯粹的经济单位:股份制公司能够保持竞争力的唯一方式是通过有限责任的"资助"。一些为废除《谷物法》作出贡献的实业家对此表示怀疑。[23] 企业家真的可以通过动用家庭储蓄和削减公司收入来筹集必要的资金吗?有限责任难道不会把做生意的风险强加给供应商、客户和贷方?(现代经济学家后来也提出了此种抱怨)它不会吸引最底层的人来做生意吗?大多数老牌制造商(基本位于远离伦敦的地方)都反对这项新措施。[24] 沃尔特·白芝浩(Walter Bagehot)曾说,富人也持相同的观点,认为穷人将获得最大的回报。

也有不同的声音。一些改革者认为,拒绝让商业人士使用有限责任这样的商业工具,这本身就是不够开明之举。罗伯特·洛(Robert Lowe)在英国皇家商法委员会(Royal Commission on Mercantile Law)上辩称:"如果有人愿意订立合同,以免除资本承担方超过一定数额的损失,出于自然正义,没有什么可以阻止他。"[25] 约翰·

斯图尔特·穆勒和理查德·科布登（Richard Cobden）认为，有限责任有助于穷人创业。穆勒始终担心职业经理人是否能与所有者经理人的热情相提并论，但他认为，对于大型企业而言，唯一能替代股份制的方法是政府控制。基督教社会主义者也支持有限责任公司，将其视作一种既能使穷人致富又能减少阶级冲突的方式。

政府也对商业流失他国这种不那么抽象的问题表示关切。十九世纪五十年代初，约二十家英国股份公司在法国成立，尽管这么做成本高达四千英镑。1855年，贸易委员会副主席爱德华·普莱德尔—布弗里（Edward Pleydell-Bouverie）坦言："对有限责任的需求如此之大，以至于众多公司纷纷赴巴黎和美国成立。"[26] 利用由此引发的争议，普莱德尔—布弗里于1855年主导议会通过了《有限责任法》（Limited Liability Act）——根据1844年《股份公司法》的定义，该法案授予注册公司有限责任的特权，但须遵守各种严格的资本要求。这部法律如何在议会中悄然通过还不完全清楚；一种理论认为，帕麦斯顿政府希望昭告天下，它除了为克里米亚战争投票争取更多金援之外，还做了其他事情。

后来，普莱德尔—布弗里被罗伯特·洛取代，后者策划了具有里程碑意义的1856年《股份公司法》（该法架空了《有限责任法》）。如果有人配得上"现代公司之父"的称号，那就是洛。洛是一个复杂的人物：一个严肃的知识分子，他的职业生涯是在混乱的政治环境中度过的；一个狂热的自由主义者，他在访问澳大利亚时反对给予底层阶级投票权。[27] 他曾经严厉谴责一个支持普选的人，认为后者是那种"觉得股份公司就是每个人都是董事"的那种人。[28] 他以提倡教育改革而闻名，理由是如果英国必须实行民主，"我们必须教育我们的主人"。格莱斯顿后来任命他为财政大臣，这是对其地位的一种肯定，尽管洛毁了格莱斯顿极为看重的《1867年改革法案》（Reform Act）。

不过，洛毫不怀疑自由市场的好处，也坚信应让公司摆脱政府控制。他宣称："1825年，法律禁止成立股份公司，从那时到现在，这是一项特权（privilege）。我们希望将其变为一项权利（right）。"当时，他已经召集了许多自由派媒体来支持他的事业。《经济学人》在1856年7月19日刊发的《为什么公司现在是必要的》

("Why Companies Are Now Necessary")一文中承认："公司极有可能过度发展……但是,政府若为了阻止资本浪费而横加干涉,将会中断就业市场的明朗前景。"报纸所称的"自由原则"非常重要。

洛那部1856年的法案允许企业获得有限责任,拥有"几乎相当于许可的自由"。[29] 银行和保险公司被排除在外;但没有股本的最低限额。只需要七个人签署一份公司组建备忘录,注册办公场地,对外以"有限公司"("Ltd.")来表明自己的地位。正是这一法案,稍加修改,摇身一变,成了吉尔伯特和沙利文在《乌托邦有限公司》中颂扬的《1862年公司法》。

这一新形势离现代股份制资本主义还有很长的路要走。英国法律对股东提供的保护非常有限(例如,股东在1900年之前没必要查看审计账目)。[30] 直到1897年的"萨罗门诉萨罗门有限公司案"(*Salomon v. Salomon & Co. Ltd.*),上议院裁定一个将其资产转让给一家有限公司的卑劣皮革商人胜诉,公司的独立法律身份以及它向董事提供保护的"公司面纱"才在法律上得以牢固确立。而且,许多公司采用部分缴清股款的方式。比如,股东每1英镑的股份只需缴纳10先令，这意味着如果公司陷入困境，需要再补上剩余10先令。早在二十世纪三十年代，一些在伦敦股票交易所上市的棉纺厂股价为负，便反映出这种未实际出资的负债状态。[31] 然而，数千家公司纷纷成立，当然也有数千家倒闭。1856年至1862年间，几乎有25 000家有限责任公司成立。1862年法案颁行之后的三年里，平均每年新发行的公司股票高达1.2亿英镑。1856年到1883年间成立的股份公司中，超过30%在批评声中破产，其中许多发生在公司成立的前五年。

最引人注目的是奥弗兰德（Overend）事件。这家曾受人尊敬的金融机构于十九世纪五十年代末陷入困境。合伙人试图通过将公司作为有限责任公司来解决他们的财务问题，但他们无法避免破产。1866年5月该公司倒闭的那个"黑色星期五"导致银行挤兑，一大批其他公司倒闭。英格兰银行不得不连续三个月将利率提高至10%，以应对金融危机。一些批评人士试图重启针对公司的争论。一位公司的长期反对者痛陈："公司高举一面极具诱惑但充满欺骗意味的'有限'之旗，其实就是一个圈套和错觉，就像飞蛾眼中的烛火，或者孩子手中的火药。"[32]

尽管如此,欧洲的"孩子"还是不顾一切地想要将这种新式火药握在手中。1863年5月,急于让其企业家在平等的条件下竞争的法国,通过了一项法律,允许商人建立完全有限责任的股份公司,但所涉及的资本不得超过2 000万法郎。四年后,这一限制被取消,并获得了组建匿名公司的普遍许可。1870年,德国也简化了成立合资公司的程序。这些举措的结果便是公司数量暴增:1871年成立了203家,1872年成立了478家,1873年成立了162家。[33]

一种新型机构

所有这些变化清晰地反映出两个情况。首先,不管现代商人是否承认,公司都诞生于政治活动。公司是政治斗争的产物,而不仅仅是技术创新的自然结果。[34]自十九世纪中叶以来,英国的争论一直笼罩着此类组织:公司本质上究竟是一个私人间的联合体,受国家法律的约束,以赚钱为最大的目标,抑或属于公众,为公众利益行事?

商人们可能会把股份公司看成是一种方便的形式;从许多政治家的观点来看,公司之所以存在,是因为它被授予了许可,并获准承担有限责任的特权。在具有盎格鲁—撒克逊传统的国家,政府可能不会想要多少回报。政府不会过多干涉罗伯特·洛所称的"这些小共和国"。然而,其他国家的政府会有更多要求。

其次,此类"小共和国"显然对催生它们的社会产生了政治和社会影响。正如彼得·德鲁克(Peter Drucker)所说:"这个新的'Corporation',这个新的'Societe Anonyme',这个新的'Aktiengesellschaft',不能将其辩称为革新(reform),只有新的军队、新的大学、新的医院所展示的新变化才是革新。这显然是一种创新(innovation)……这是几百年来出现的第一个自治机构,第一个在社会内部建立的独立于一国中央政府的权力中心。"[35]工业经济对建立规模和范围的需求,将推动大公司为资本主义及其社会冲锋在前,而美国在这方面的表现可圈可点。

第四章
商业巨无霸在美国的兴起

公元 1862 年—1913 年

十九世纪八十年代，在一个明尼苏达州小镇，理查德·西尔斯（Richard Sears）是明尼阿波利斯和圣路易斯铁路的站务员。闲来无事，他开始向当地农民兜售木材和煤炭。当地一家珠宝商拒绝购买芝加哥一家公司寄卖的手表时，年轻的西尔斯买下了这些手表，并把它们卖给了铁路沿线的其他代理商。1887 年，他把成立仅一年的 R. W. 西尔斯手表公司开到芝加哥，并与印第安纳州的一家钟表制造商阿尔瓦·罗巴克（Alvah Roebuck）建立了联系，开始从事邮购业务，专攻手表和珠宝销售。与芝加哥的竞争对手蒙哥马利·沃德（Montgomery Ward）一样，西尔斯—罗巴克的商品目录也为美国农村地区消费者提供了一条途径，以绕过昂贵的当地零售商。到1895年，西尔斯的商品目录已长达532页，提供从枪支到炉子的各种商品，应有尽有。

西尔斯是一位文案高手，妙笔生花，但如果没有朱利叶斯·罗森瓦尔德（Julius Rosenwald）的组织才能，这家公司永远不会发展至后来的规模。罗森瓦尔德在1901年成为西尔斯的合伙人（罗巴克在1894年作价25 000美元转让了所持股份）。作为新一代职业经理人之一，罗森瓦尔德加强了对公司的管理，审查并调整了原先若干过于夸张的销售宣传，还建立了一个测试产品的"实验室"，以确保产品质量过关。

1906年，为了筹集更多资金，两人将公司上市。同年，公司耗资500万美元，在芝加哥开设了一家邮购工厂，这也成为全球最大的商业建筑。为了解决日益增长的订单执行问题，罗森瓦尔德开发了一个机械调度系统，一种客户订单流水线。西尔斯的商品目录里这样描述："数英里长的铁轨纵横交错地穿过这座建筑，围绕着这座建筑进行货物的接收、传输和转运。""电梯、机械传送机、环形链条、移动人行道、重力滑槽、气动管道和所有已知的减少劳动力的机械设备,都在我们伟大的工厂发挥作用,创造经济奇迹。"[1] 据说亨利·福特(Henry Ford)是首批参观这一工业奇迹的人之一。1916年,罗森瓦尔德又增加了一项创新——为员工设立养老基金,公司承担那部分与公司利润挂钩,且基金的大部分投资于西尔斯公司的股票。

理查德·西尔斯的业务从一个业余爱好发展成为一家公认的现代公司,拥有股东、不同的运营单位、全国性的供应商网络和领取薪酬的职业经理人(更不用说为其他行业广泛借鉴的"基准化"管理流程),为我们展示了十九世纪末美国发生的变革。这不仅仅是利用铁路的问题。一个像西尔斯—罗巴克这样的1916年的公司,拥有成千上万在职雇员、享受养老金的退休员工以及股东,不可能存在于1840年,即便在一些未来主义幻想者的疯狂想象中也不可能存在。

当时,大部分经济活动都是通过独立商人经营和拥有的单一部门企业进行的,与亨利·福特的经商之道相比,这些商人更熟悉"普拉托商人"的商业手法。1848年约翰·雅各布·阿斯特去世时,他是美国首富,留下的遗产价值约为2 000万美元。但即使在他经营美国皮草公司（American Fur Company）的事业巅峰期，他也没雇佣多少人，其中最重要的员工是他的儿子。他的"总部"只有几个职员，在一个旅馆套房大小的房间里办公。

1840年，商界人士期望，在美国这样一个幅员辽阔的地区，协调自己与其他商界人士活动的工作应由市场来完成。没人会想到，一个庞大的机构能够协调俄勒冈地区妇女内衣的需求与新英格兰地区的棉花生产。[2] 当然，这一时期的大多数人依旧在小型私营企业（如农场）工作。还有一些行业，如医疗保健业，仍然反常地抵制规模经济。而到第一次世界大战时，巨无霸公司已经成为美国的主导商业机构，成为所有其他企业的标杆。这也推动美国成为全球经济的"领头羊"。在1851年的万国工业博览会上，美国连分派的展位空间都未能用完，年轻的维多利亚女王并未对"他们非常奇怪的发明"留下印象。[3] 到1913年，美国生产的工业品占全球产出的36%，而德国为16%，英国为14%。[4]

这一时期产生的"商业巨头"对美国的现代化功不可没。正是他们吸引了来自世界各地的人们蜂拥而至，遍布美国各大城市；他们的"胡作非为"加速了工会和反垄断法的发展；他们对环境的漠不关心直接导致阳光很难穿透匹兹堡和芝加哥烟雾弥漫的空气；他们创造财富的能力促使人们思考不平等和精英制度问题。富豪们出入豪宅，穷奢极欲，对艺术品一掷千金的"炫富"消费方式激起了人们对他们的敬畏和厌恶。["conspicuous consumption"一词由凡勃伦（Thorstein Veblen）专为这些富豪的消费习惯所造。]即便吝啬如安德鲁·卡内基（Andrew Carnegie），一个曾写下《贫穷的优势》（*Advantages of Poverty*）的巨贾，名下亦不乏奢产，诸如苏格兰那座拥有八十二个仆人的斯基波古堡（Skibo Castle），以及纽约一栋有六十四个房间的楼宇。[5]

铁路先行

为什么这些非同寻常的组织能发展壮大？阿尔弗雷德·钱德勒（Alfred Chandler）给出了一个经典的答案："只有当管理的有形之手比市场力量的无形之手更有效率时，""现代商业企业"才能大行其道。要做到这一点，必须有一个全新的运输和通讯系统。

铁路不仅是现代商业的巨大推动力,其本身也是最早的现代商业。[6]美国耗费了大量资本——多数来自英国——在1860年就建成了31 000英里铁路(到1910年,已建成24万英里铁路)。[7]铁路公司当仁不让地成为第一批雇佣大量全职经理人的公司。在全国范围内通过铁路运送大量货物,火车还不能相撞,这需要大量的管理工作。最初借鉴的是英国经验(铁路通常由退役军官管理),随着线路延伸,更复杂的等级制度得以建立。英国早在1850年就雇佣了50多名管理人员,之后这一数字上升至数百名。

这些管理人员是农业社会中的新成员:他们并不拥有自己工作过的组织,却把整个职业生涯献给了它们。他们有强烈的使命感(有些人甚至瞧不起创办这些公司的业余人士)。他们开创了现代公司的诸多管理方法。如丹尼尔·麦卡勒姆(Daniel McCallum,十九世纪五十年代)和阿尔伯特·芬克(Albert Fink,十九世纪六十年代)这样的铁路公司管理人员,设计了控制列车和交通运行所需的信息系统,还研发了经手资金的会计系统,用以确定各运营单位的损益。

与此同时，铁路公司在资本方面的巨大需求，对创建现代纽约证券交易所起到了至关重要的作用。十九世纪三十年代，一个好的交易日可能会有几百只股票易手（1830年3月6日，这是该交易所历史上最糟糕的一天，只有31只股票交易）。到十九世纪五十年代，随着铁路蓬勃发展，这一数字已膨胀至数十万。[8]1886年，交易所迎来了第一个百万股交易日。

从美国内战结束到十九世纪九十年代，华尔街几乎只为铁路融资，投资者常常对此感到遗憾不已。像丹尼尔·德鲁（Daniel Drew）这样的流氓，便是以操纵伊利铁路股票而出名。（有一首歌是这样唱的："当丹叔说涨，伊利铁路股票就涨；当丹叔说跌，伊利铁路股票就会跌；当丹叔说波动一下，伊利铁路股票就会涨涨跌跌。"）[9]当另一个投机者杰伊·库克（Jay Cooke）未能为北太平洋铁路发债时，他的银行在1873年9月18日的"黑色星期四"倒闭，引发其他数十起破产事件，并导致交易所关闭十天。在十九世纪的最后二十五年，超过700家铁路公司破产，这些公司加起来控制了全国一半以上的铁路。[10]

然而,和英国一样,铁路也催生了一种投资文化。1865年创办的《商业和金融纪事报》(*Commercial and Financial Chronicle*)和后来于1889年创办的《华尔街日报》(*Wall Street Journal*)深入报道了铁路股票。亨利·瓦纳姆·普尔(Henry Varnum Poor,阿尔弗雷德·钱德勒的祖父)在给评级机构"标准普尔"(Standard & Poor's)冠名之前,曾主编过《美国铁路杂志》(*American Railroad Journal*)和《普尔铁路证券手册》(*Poor's Manual of Railroad Securities*)。

1898年,铁路占美国公开发行股票的60%,1914年这一比例仍高于40%。但铁路公司筹集的大部分资金是债券,部分原因是创始人希望保留控制权,部分原因是债券比股票更容易在海外上市。1913年总共发行了价值112亿美元的铁路债券,而普通股票仅为72亿美元,这一情况并未考虑铁路公司巨大的银行债务和一半的普通股是公司交叉持股的事实。[11]优先股也非常受欢迎,特别是在1871年此举被用于创办宾夕法尼亚铁路公司(Pennsylvania Railroad)之后。

如此薄弱的股本基础使得破产成为一个共同的威胁，刺激了公司合并。许多最早的铁路线还没有相互连通。像科尼利尔斯·范德比尔特（Cornelius Vanderbilt）和J. P. 摩根这样的巨头整合了这个支离破碎的体系。即使没有他们的推动，许多铁路大亨认为，合谋是确保正常交通和避免毁灭性价格战的唯一途径。

此种整合意味着到十九世纪九十年代，铁路公司比那些为芝加哥和纽约带来光、热和水的公用事业公司还要大，甚至比保卫美国的军队还要大。1891年，陆军、海军和海军陆战队共雇用了39 492人。而仅宾夕法尼亚铁路公司就雇佣了超过11万人。美国的国家债务总额为9.97亿美元，仅比宾夕法尼亚铁路公司8.42亿美元的资本高出1.55亿美元。[12]

这种权力的集中引起了强烈反响。但这些巨头也帮助建立了现代经济的大部分基础设施。铁路线为电报和电话线提供了合适的线路。铁路也彻底改变了邮局。铁路公司最终拥有了全国大部分的轮船公司。最重要的是，铁路线把一个幅员辽阔的国家联系起来，使大量货物能够快速且可预期地在全国各地运输。到十九世纪七十年代,原来从费城到芝加哥货运所需的三周时间缩短到了几天。对于一些大宗商品(如粮食),这不只是一个创造全国市场的例证,而且——由于航运业的类似改善——创造了全球市场。到1914年,美洲向欧洲出口了六亿蒲式耳小麦,是1850年的十五倍。

先卖再造

最早利用铁路基础设施的美国公司出现在分销业和零售业。[13] 1840年,大多数商品通过投机取巧的方式在全国各地分销。在一代人的时间里,分销由大公司主导。十九世纪五六十年代,大型批发商出现了,他们直接从生产商那里购买,然后卖给零售商。十九世纪七八十年代,现代连锁店、百货公司和邮购公司等大规模零售商诞生了。

以朱利叶斯·罗森瓦尔德为代表的新零售商掌握了降低成本同时改进选择的诀窍。他们以比规模较小的对手快得多的速度出售存货(这一直是零售业成功的秘诀)。他们成立了庞大的采购部门,并迅速引进新技术

(以西尔斯邮购工厂为例)。开创性的百货公司在下个世纪或更久的时间里仍然在各自城市家喻户晓：纽约的梅西百货公司（Macy's）、洛德 & 泰勒百货公司（Lord & Taylor）和奥尔特曼百货公司（B. Altman）；芝加哥的马歇尔·菲尔德百货公司（Marshall Field）和斯科特百货公司（Carson Pirie Scott）；旧金山的百货商场（Emporium）。很快，正在打造民族品牌的零售商也加入了这一行列。十九世纪八十年代初，弗兰克·伍尔沃思（Frank Woolworth）在宾夕法尼亚州东南部开了七家分店；到1909年，他在全美已有三百多家分店，并在英国开设了分店。

制造业发展相对缓慢。内战给美国工厂带来了第一次大爆发：十九世纪六十年代，制造业公司的数量猛增了80%。此后，变革的主要推动力是新技术，特别是电力和后来的内燃机。但没有组织变革，新技术也不会有更好的发展。例如，率先在工厂用电的先驱者只是简单地用电力代替蒸汽，却没有重新组织生产过程；只有当工厂事实上开始为单个机器供电时，生产力才会猛增——这一情况直到二十世纪二十年代中期才出现。[14]

安德鲁·卡内基是最早重新设计生产的实业家之一。卡内基是一位苏格兰移民，来到美国是为了实现白手起家的理想，他学习了宾夕法尼亚铁路公司的管理工作，他的第一家公司吉斯通桥梁厂（Keystone Bridge Works）向铁路公司出售铁轨和桥梁。在他的工厂里，卡内基引入了"流水线生产"系统，将他的机器和工人按顺序排列，使工作可以分解成各个组成部分。在可能的情况下，他试图使事物标准化，并无情地利用了规模的优势。他生产的钢材越多，成本就越低；成本越低，他就越能卖出去。他曾说过："十吨钢铁的生产成本是一百吨钢铁的许多倍。生产规模越大，产品越便宜。"[15] 到1900年，一个工厂车间的十几个人每天可以轧制三千吨钢材，相当于1850年匹兹堡一家工厂一年轧制的钢材。卡内基的员工由一层层的管理者组成，从指导工人班组的工头和车间熔炉经理，到资金经理、销售员、营销专家，以及在公司拥有股权的二十四名合伙人。

生产线系统由亨利·福特进一步加以完善。福特公司的工程师们专门借鉴了第一位伟大的管理大师弗雷德里克·泰勒（Frederick Taylor）的"秒表"思想，彼时，泰勒的《科学管理原理》(*Principles of Scientific Management*)刚于1911年出版。他们设计了经过技术改进的机器，如输送带、辊道和重力滑道，以保证物料的正常流动。他们的天才之举是引进传送带，将零件运送到装配线上的工人身边。这使得福特T型车的制造时间从十二个小时缩短到两个半小时。到1914年春天，福特公司的高地公园工厂将生产时间缩短到了一个半小时，每天生产一千辆汽车。[16] 查理·卓别林（Charlie Chaplin）在电影《摩登时代》(*Modern Times*)中模仿的疯狂世界已经到来。

一统天下

福特的成功不仅在于更快地制造汽车，还在于将大规模生产和大规模分销都置于一个单一组织的屋檐下。一家"一体化"的工业公司可以从采购到广告的所有环节实现规模经济，从而在全国范围内源源不断地供应香烟、火柴、早餐麦片、电影、照相机、罐装牛奶和罐装汤。关键问题在于尽可能多地掌控整个过程。福特甚至还拥有一片牧场,在这片牧场上放养的绵羊出产的羊毛最终制成了他的汽车座套。

直到十九世纪六十年代才真正存在的"一体化公司"在世纪之交占据了美国最重要的产业。[17]像福特公司这样的典型代表,把技术创新和市场影响力结合在一起。1881年,詹姆斯·布坎南·杜克(James Buchanan Duke)在北卡罗来纳州达勒姆市经营烟草生意,他决定涉足香烟生产——这在当时被认为是一个死胡同。但杜克找到了一种秘密武器——邦萨克卷烟机,它每天可以生产12.5万支香烟,而当时效率最高的工人每天只能生产不超过3 000支。杜克的机器很快就生产出了比当时未开发的市场所能消化的数量还多得多的香烟,因此他创建了一个庞大的营销组织来刺激需求。杜克自己发明了一种防挤压包装盒,使吸烟者的烟民生活更方便。他建立了自己的采购、养护和储存设施,以确保原材料的正常供应。1890年,他与四家竞争对手合并,成立了庞大的美国烟草公司(American Tobacco Company)。

杜克的故事在其他几个行业重复了一遍。乔治·伊斯曼(George Eastman)不仅发明了一种便宜的照相机,而且还发明了一种业余摄影师为他的摄影胶片寻找市场的想法。但所有"一体化公司"最显著的特点是希望尽可能地发展壮大。这不可避免地导致了兼并的发生。

科尼利尔斯·范德比尔特已经展示了铁路行业整合带来的好处。1890年至1904年间，巨大的整合浪潮将全美大部分工业基地集中在大约五十个组织的管理之下，这些组织通常被称为托拉斯。兼并时代产生了一些当时最强大的公司，包括美国钢铁公司（U.S. Steel）、美国棉花公司（American Cotton）、国家饼干公司（National Biscuit）、美国烟草公司、通用电气公司（General Electric）、国际收割机公司（International Harvester）、美国电话电报公司（AT&T）和联合水果公司（United Fruit）。以下两位是托拉斯时代的代名词：约翰·D. 洛克菲勒和 J. P. 摩根。

洛克菲勒从一开始就意识到了规模的重要性。在经营俄亥俄州炼油厂的头几年里，他就在克利夫兰和匹兹堡分别购买了五十家和八十家炼油厂，还大量购入仓库和木材场（以制造自己的油桶）和船只（以运输石油）。1870年，为了利用经济衰退的机会进一步扩张，他成立了一家股份制公司——标准石油公司（Standard Oil），主要在原合伙人之间分配股份，并接纳了一些新的投资者。他还在宾夕法尼亚州和俄亥俄州成立了南方促进公司（South Improvement Company），这是一个由炼油厂和铁路公司组成的联合体，排挤了他的竞争对手，使其有效地掌控了克利夫兰所有的炼油厂。

在宾夕法尼亚州特许成立的南方促进公司是首批信托公司之一。信托是一个古老的法律概念，可以追溯到十字军东征时期（当骑士们把他们的财产"托付"给他人来管理，而他们不在的时候，信托就代表他们）。对于掠夺大亨们而言，这是绕过原始反垄断法的一种方式，这些法律禁止公司相互持有股份。一些相互竞争的公司的股东将手中有表决权的股份交给一家中央信托公司，以换取有权获得收入但不享有表决权的可交易信托证书。这使中央信托公司有能力确定整个集团的共同价格。

到1882年，标准石油公司联盟由四十家公司组成，每个公司都有自己的法律和行政身份（以满足各州的法律要求），标准石油托拉斯（Standard Oil Trust）由此诞生。新公司在纽约市百老汇大道26号收购了一栋房产，设立总部，并立即着手使石油工业合理化。该公司的成本大幅下降，提炼1加仑石油的成本从1.5美分降至0.5美分。洛克菲勒曾扬言："标准石油是仁慈的天使，从天上降临人间，说道'进入方舟吧！把你的破烂放进来。我们会承担一切风险的！'"[18]很快，三家大型炼油厂便供应了全球四分之一的煤油。

随后，事情发生了奇怪的转变。1889年，一天晚上，俄亥俄州总检察长戴维·沃森（David Watson）在哥伦布市的一家书店里发现了一本书，名叫《托拉斯：近期的贸易组合》（*Trusts: The Recent Combinations in Trade*），书中把标准石油托拉斯协议作为附录。沃森意识到，俄亥俄州的标准石油公司将控制权移交给州外受托人，违反了州特许。他无视一系列严厉的威胁，据说还拒绝了丰厚的贿赂，提起诉讼，1892年，俄亥俄州最高法院做出了对他有利的裁决，宣布托拉斯协议无效，并认为该协议导致了垄断。

标准石油公司的大胆回应——唯一的影响是"给我们带来了些许不便"——在一定程度上没什么错。[19]洛克菲勒现在有了一个借口，开始将他的商业帝国迁往新泽西州，该州在1889年制定了美国最开明的公司法，政府工作人员甚至成立了一家公司来处理文书工作。新泽西州法律允许成立控股公司，即持有子公司一定比例有表决权股份的伞式公司。1899年，新泽西标准石油公司（Standard Oil of New Jersey）在经历了多次法律运作之后，成为这家石油巨头的正式控股公司，控制着19家大型公司和21家小型公司的股票。[20] 此后，多家大型公司一直在使用这一手段（事实上，律师们无疑会指出，我们今后提到的许多大公司在技术上只不过是法律空壳。）

标准石油公司只是众多迁往新泽西州的托拉斯公司和大企业中的一家。到1901年，拥有1 000万美元以上资本的美国公司中有三分之二在该州注册成立，使新泽西州到1905年的预算盈余达到近300万美元，并为一系列新的公共工程买单。不可避免地，其他州也进行了反击。弗吉尼亚州变成了一篇法律论文所称的"四处游荡的海盗公司的舒适港湾"。纽约州立法机关被迫为通用电气公司颁布一项特别许可，以防止其撤资前往新泽西州。但这场特殊的"比拼下线"的最大赢家将是特拉华州。到大萧条爆发时，该州已经拥有纽约证交所三分之一以上的工业企业：12 000家公司均声称其法定地址是位于威尔明顿下城的某间办公室。[21]

其他大多数工业托拉斯也摇身一变，成为控股公司。与洛克菲勒不同的是，他们通常是在最强大的托拉斯的鼓动下这样做的，即众议员查尔斯·林德伯格（Charles Lindbergh）口中主宰华尔街的"金钱托拉斯"。由于美国没有中央银行，J. P. 摩根和其他一些银行家掌握着巨大的权力。银行家们利用新的控股公司为自己规避了阻止他们投资股票的规则［例如，摩根控制着费城的一家经纪公司——德雷克塞尔公司（Drexel and Company）］。早期的工业合并大多是公司创始人所为［范德比尔特在铁路行业，查尔斯·皮尔斯伯里（Charles Pillsbury）在面粉行业］，而世纪之交的合并热潮却纯粹是"股票提升器"。

这标志着一个转折点，因为它将工业企业与股市联系在一起。1890年，只有不到十只制造业股票在主要交易所上市交易，其中大部分——比如普尔曼的宫殿汽车公司（Palace Car Company）——与铁路有着密切联系。投资者认为工业企业有风险。实业家们牢牢抓住自己公司的股权，通过家族关系和商业贷款而非资本市场融资。

摩根策划了一场非凡的变革。上市的制造业公司总资本从1890年的3 300万美元增加到1903年的700多亿美元。这些新巨头包括通用电气和国际收割机等工业联合企业，但最具象征意义的事件，是世界最大的制造商卡内基钢铁公司（Carnegie Steel）已蜕变成更为庞大的美国钢铁公司。

卡内基用自己的钱创立了自己的公司，在铁路上大肆投机。他声称对公众持股制（"股票由大量自然人持有，人人管等于没人管"）极不信任，于是将自己的公司组织成一系列的合伙企业；每一家公司都由卡内基本人操控，并受制于一项全面的"铁定协议"，该协议迫使任何想散伙的合伙人以账面价值将其股份出售给该公司。[22] 但在1901年，在一个高尔夫球场上进行了简短的交谈后，他以4.8亿美元将该公司出售给了摩根和埃尔伯特·加里（Elbert Gary）。然后，他们将该公司与另外大约200家规模较小的公司合并，以14亿美元的估值向公众发行美国钢铁公司股票。若在今天达成一项类似协议，以同样的国民生产总值比例计算，估值接近50 000

亿美元。[23] 美国钢铁公司占美国钢铁产量的三分之二，雇佣了25万人。该公司的价值相当于彼时在美国流通的全部货币的三分之二。[24]

美国钢铁公司面临的问题成了美国公司发展史上的另一个转折点。从今以后，私人控股的工业企业将成为例外——主要是福特汽车公司。这并不意味着一个公认的现代股权市场会立即出现。至少直到第一次世界大战结束之前，股票交易只是一个少数人从事的排他性事务。[25] 大多数投资者仍然觉得很难对股票进行估值，通常关注的只是分红收益。即使相对老练的人也是到了第二次世界大战时才会谈及购买5%的股票。审计工作也很宽松。1914年，迫使所有工业企业提供统一账目的企图遭国会否决。

负面效应

这些新公司使美国变得更好了吗？掠夺大亨们在赫伯特·斯宾塞（Herbert Spencer）的社会达尔文主义中为自己的所作所为找到了心安理得的正当理由。斯宾塞是一位英国思想家,凭借"适者生存"的学说和反对任何形式的国家干预(从关税到公共教育),在美国赢得了大批追随者。"犹如倾泻而下的光芒,令万物明晰",这是卡内基对斯宾塞的评价。洛克菲勒把放任自由的资本主义比成培育一朵完美的美国玫瑰,做法是"牺牲掉在其周围生长的早期萌芽,这并非商业上的恶行,仅仅是自然法则和上帝法则的结果。"[26]

其他人则看到了这一做法的另一面。1869年,历史学家查尔斯·弗朗西斯·亚当斯(Charles Francis Adams)怀疑,股份公司或许是一个危险的想法。社会"创造了一类人为的物种,该物种很快就主宰了其创造者。就在数年前,一家控制着几百万美元的公司还被视为一个潜在的大麻烦,而如今这个国家已经出现了手握数亿美元的单一权力组织……他们着手建立了专制制度,而零星散乱的民众努力对此根本无法撼动。"[27]

事实上,一股广受欢迎的力量正在积聚。随着新的公司形式改变了社会,社会也改变着公司。工会的发展壮大便是一个例子。早期的美国工会仅着眼于相当微小的事务,其中大多数基于特定的工艺行业和熟练工人。

但资本的整合促进了劳动力的整合。全国劳工同盟（The National Labor Union）于1866年成立。另一个组织"劳工骑士团"（Knights of Labor）在1886年规模达到顶峰时号称拥有70万工人会员。十九世纪九十年代既标志着工会的成熟，也标志着大企业的成熟，以及两者之间一系列的血腥对抗。

最血腥的对峙发生在安德鲁·卡内基位于宾夕法尼亚州一处名为霍姆斯泰德的钢铁厂。卡内基自称是工人的朋友，甚至鼓励他的雇员叫他"安迪"。但在1892年，他和他的工厂经理亨利·克莱·弗里克（Henry Clay Frick）策划了一场与美国劳工联合会（American Federation of Labor）中最强大的势力——钢铁锡工人联合协会（Amalgamated Association of Iron, Steel and Tin Workers）——之间的对抗，当时该组织在全美有24 000名会员。过去，工会通过给竞争对手施加同等的劳动力成本来达到卡内基的目的。如今那些竞争对手已被打败，工会就成了他们的掣肘。卡内基削减了工资，这一决定导致了罢工，然后是封闭工厂。弗里克在工厂周围建了三英里长的栅栏，里面有铁丝网、探照灯和200个步枪射击孔。他还从平克顿侦探社雇了300人来保护破坏罢工者。工人们赢得了第一轮"比赛",平克顿人在一场激烈的战斗后投降,这场战斗夺去了16条人命。但他们输掉了"战争"。州长派遣了8 000名州民兵。弗里克带来了破坏罢工者(其中许多是被禁止加入工会的黑人),一举粉碎了罢工。

霍姆斯泰德罢工和1894年血腥的普尔曼罢工〔后者遭总检察长(本人恰好是一位铁路股东)干预,宣布依据反垄断法,美国铁路工会属"非法组织"〕,暴露了资本和劳工权力之间的鸿沟。在各种纠纷中,法院倾向于维护契约自由的概念,而非劳工权利。然而,在1897年至1904年间,工会会员增加了近五倍。1906年,美国劳工联合会开始关注选举政治,支持民主党候选人,并与现在主导城市政治的大型政治机构建立起密切关系。工会领袖们抓住了诸如1911年纽约三角衬衫公司(Triangle Shirtwaist Company)火灾这样的悲剧,鼓动人们争取更安全的工作条件。1914年,威尔逊政府授予工会反垄断诉讼豁免权;1916年,国会通过了一系列限制工作时间和使用童工的法案。

政治家们也慢慢屈服于民众要求他们打击"巨富罪犯"帝国的压力。1890年的《谢尔曼反托拉斯法》(Sherman Antitrust Act) 通过对垄断的定义开辟了新的领域，但未能制定出太多惩罚或阻止垄断的方法（并被用于反对工会）。舆论则要求更多。1902年，第一位伟大的揭发丑闻的记者艾达·塔贝尔 (Ida Tarbell) 开始在《McClures》杂志上对标准石油公司连续进行了十九期的曝光。他认为公司是由"欺诈、哄骗、特殊专权、严重的非法贿赂、胁迫、腐败、威逼、间谍活动及彻头彻尾的恐怖活动而崛起。"同时，远在波士顿的"人民的律师"路易斯·布兰代斯 (Louis Brandeis) 毫不留情地批驳了摩根对纽黑文铁路公司 (New Haven Railroad) 的管理。

1906年，西奥多·罗斯福 (Theodore Roosevelt) 政府对标准石油公司发起了一场成功的反垄断诉讼，1911年，最高法院下令将其拆分，间接催生了埃克森 (Exxon)、阿莫科 (Amoco)、美孚 (Mobil) 和雪佛龙 (Chevron) 等先行者。第二年，摩根被传召出席由国会议员阿尔森·普若 (Arsene Pujo) 召集的金钱托拉斯听证会。普若委员会的结论是，金钱托拉斯在112家公司拥有341

名董事，控制的资产达220亿美元。[28] 1913年，摩根去世后，他的董事悄悄地辞去了其中40家公司的职务。美国也在1913年建立了一个中央银行，削弱了金钱托拉斯的力量。1914年，《克莱顿反托拉斯法》（Clayton Antitrust Act）规定，交叉出任董事的做法若是制约了贸易自由，将会受到限制。

广受欢迎的公司

然而，对公司的强烈反制远不如许多人所希望的那么有力。按照欧洲的标准，美国在控制公司方面摇摆不定。法院确实推翻了最令人震惊的垄断案例：例如，美国烟草公司到1911年的时候控制了150家工厂，总资本为5.02亿美元，该公司于同年被拆分成几个独立的公司。但是，大多数其他大型联合体（以"全美""通用"和"美国"命名的公司）发现，只需稍作勾兑，就可以继续在大部分"领地"为所欲为。

大多数美国人对商业活动持矛盾心理。他们不喜欢公司权力的集中——毕竟，美国是建立在分权的基础之上的——但他们钦佩商业的直白力量。他们不喜欢商人的财富,但他们折服于这样一个事实:他们中的许多人都是白手起家,洛克菲勒是一个蛇油推销员的儿子,卡内基的职业生涯开始于电报信使。1867年,戈德金(E. L. Godkin)对美国为什么缺乏欧洲那样强烈的阶级意识做出了一个解释,至今有效:"这里的劳工和资本家之间的社会界线非常模糊。最成功的劳工雇主自己都曾当过劳工;大多数劳工……都希望有朝一日成为雇主。"他补充说,罢工是商业问题,与情绪无关。

有三件事使针对公司的矛盾情绪不至于演变为势不两立。首先是大公司对政治有了更深刻的认识。当政治家们第一次开始规范商业活动时,科尼利厄尔·范德比尔特的儿子、1877年继承其商业帝国的威廉·范德比尔特(William Vanderbilt)曾大声疾呼:"公众可能会因此遭殃。"但该公司却成了一个更加积极的政治参与者。参议院被称为"百万富翁俱乐部",比各州更能代表不同的经济利益——有的参议员从事木材业,有的参议员从事白银生意,等等。克利夫兰钢铁巨头马克·汉纳(Mark Hanna)是共和党全国主席,帮助威廉·麦金莱(William McKinley）竞选总统并获得成功。各大公司也开始聘请公关顾问，尤其是艾维·李（Ivy Lee），他几乎成功地平息了洛克菲勒对1913年至1914年矿工罢工的残酷镇压。[29]

但这不仅仅是反转。第二件事是现在所谓的企业社会责任的增长。正如我们已经看到的，罗森瓦尔德认为建立对西尔斯员工有利的养老金是一件好事。其他许多大公司也积极努力巩固资本和劳工之间的联系。例如，美国钢铁公司每年在员工福利计划上花费1 000万美元，旨在"消除对托拉斯公司的偏见"（董事会主席这样告诉他的同事们）。国际收割机公司也推出了一个利润分享计划。[30] 公司城镇在美国遍地开花。有些成了残酷的监狱集中营——更多的是由洛维尔的一神论牧师亨利·米尔斯（Henry Mills）所谓"自私自利的睿智"推动形成的。居住条件好且受过良好教育的工人比居住在贫民窟且一无所长的同代人更有效率。例如，1880年，乔治·普尔曼（George Pullman）在芝加哥郊区建造了一座同名城镇，希望"理性和美化的秩序"能提升工人的品格。并不是每个人都喜欢这个城镇，后来这里在1894年的罢工中沦为战场——并非仅仅因为该镇几乎完全禁酒。但有一家美国报纸称之为"与任何富有的城郊小镇一样漂亮",一家英国报纸甚至将其称为"全世界最完美的城镇"。

与此同时,掠夺大亨纷纷投身慈善事业。到1919年,仅卡内基基金就已超过3.5亿美元(相当于今天的30多亿美元),用于许多公益项目,其中包括2 811个公共图书馆和7 689个教会机构。毫无疑问,许多慈善家都受到了行善或赎罪的真诚愿望鼓舞,但正如费城历史所表明的那样,这种回报社会的强烈愿望确实起到了推动商界人士走上公民美德之路的作用。

兄弟友爱之城(费城)是这个国家最势利的城市之一。然而,这个城市的老居民并没有愚蠢到对宾夕法尼亚铁路公司和附近煤田创造的新财富置之不理。[31] 相反,他们与企业暴发户达成了一项非正式协议:只要他们愿意承担社会责任,他们就可以登堂入室,进入"社会"。这种把"赚红了眼"的资本家转变成真正的费城人的过程,包括在里滕豪斯广场买房子,在梅里翁板球俱乐部打高尔夫,甚至可能在白沼泽谷狩猎俱乐部猎狐,当然也包括把他们的女儿（和他们的嫁妆）交给更有教养家庭的儿子。最重要的是，它涉及公民参与社会活动——组织慈善事业，在交响乐团、艺术博物馆和宾夕法尼亚大学校董会任职。查尔斯·柯蒂斯·哈里森（Charles Curtis Harrison）是该市一位伟大的商人，后来成为宾夕法尼亚大学的校长。[32]而该校的沃顿商学院则是由贝瑟伦钢铁公司（Bethlehem Iron Company）创始人约瑟夫·沃顿（Joseph Wharton）创办的。

这种权力集中很难实现民主。费城的精英在铺设橡木地板的会所里根本没想过要决定这个城市的命运。然而，通过将大企业纳入城市的未来，老派精英显然给他们的城市带来了很多好处。相同的情况出现在全美各地。十九世纪八九十年代的新型公司所创造的财富并不仅仅挥霍在争相获邀参加阿斯特夫人的聚会上，或是把这些掠夺大亨的名字塞进《社交名人录》（*Social Register*，1888年首次发行）——尽管这两件事确实都发生过。它也有助于建立当时完全不存在的社会服务。它在一个容易庸俗化的国家建造博物馆和美术馆，而且在一个收入差距不断扩大的社会里把各阶层联系起来。

第三件事情,也是最重要的事情,为公司提供了一个基本的支持。这可归结为一个简单的命题:即公司正在使美国更加富裕。这些新公司明显地提高了数百万普通人的生活水平,使富人的奢侈品成为普罗大众都能触及的商品。亨利·福特进入汽车行业时,曾致力于将汽车打造为超级富豪的玩物;但到1917年,他已经卖出了150万辆T型车。1877年11月,当乔治·伊斯曼购买他的第一台相机时,它的售价为49.58美元,而且使用起来非常困难,他不得不花5美元学习如何使用。但到1900年,布朗尼全自动相机的售价为1美元,并被冠以这样的广告语:"你只需按下快门,剩下的交给我们。"[33]

这些公司的生产力通常与庞大的规模关系密切,这也增加了进入市场的障碍。与一家大公司竞争的唯一方法就是自己成立一家新的大型公司。即使你能筹集到资金并招聘到合适的经理人,你也将冒着给市场引入大量新产能,以至于整个市场都将崩溃的风险。这一点与共谋无关,但仍然是十九世纪八十年代至二十世纪四十年代少量大公司主导各自行业的根本原因。

第五章
英国、德国和日本商业巨头的崛起

公元 1850 年—1950 年

美国可能领先于世界其他国家,但其他国家也在努力与公司共存。最有趣的三个国家——英国、德国和日本——说明了达致新经济形式的不同路径。尽管英国全心全意地热衷于自由放任的管理哲学,却不愿意转变为公司控制一切。德国和日本更热情地接受了这一想法,却试图将其扭曲成不同的目的,如工人福利和追求国家强大。德国和日本的公司主要为"社会"服务,而他们的盎格鲁—撒克逊竞争对手则在追逐利润。股东资本主义和利益相关者资本主义之间那道被大肆宣传的鸿沟已经形成。

充满希望和创造历史之地

在英国,一个问题愈发凸显:为什么英国没有更好地利用公司?毕竟,英国在工业化和相对大型企业的发展方面处于领先地位。1795年,该国最大的棉花制造商罗伯特·皮尔爵士在北方拥有23家工厂,其中一些工厂雇用的工人多达500人。[1] 英国也是使公司摆脱国家控制的先驱。然而,在十九世纪末,它未能产生对当时的经济成功至关重要的大型工业公司。

1902年,美国的制造业劳动力仅略高于英国,但英国几乎没有能与美国的巨无霸企业相匹敌的公司。正如我们所看到的,美国钢铁公司市值高达14亿美元,雇佣了25万人。英国当时最大的企业——精纺联合体(Fine Cotton Spinners and Doublers)——仅有30 000名工人,股票市场上最大的公司帝国烟草公司(Imperial Tobacco)的市值也才区区1 750万英镑。1900年,英国百强企业只占工业总量的15%左右。[2]

很多原因导致英国在起步阶段未能实现资本化。作为工业化的先驱,英国倾向于固守早期形式的资本主义;作为一个紧凑的岛国,在产生企业巨头方面受到的压力较小(尽管帝国已形成一个与美国一样大的"国内"市场)。有两件事值得一提:一是英国对家族企业和个人管理的强烈偏好;二是英国对工业资本主义的偏见。

英国的企业家在他们的美国"远房兄弟"接受专业精神很久之后,仍然一直坚持个人管理方式。早在第二次世界大战期间,就有相当数量的英国公司由创始家族成员管理。这些创始人将重大决策权牢牢保留在公司内部,只在极端情况下才求助于职业经理人。家族企业不需要详细的组织结构图和手册,而这些在美国大公司中早已司空见惯。他们转而依赖个人关系和家族传统。

这样做并不一定会走向衰败。吉百利(Cadbury)家族在生产、销售和广告方面进行了所有适当的投资,同时保持了对旗下巧克力公司的控制权。事实上,吉百利比美国同行好时食品(Hershey Foods)经营得更好。早在第二次世界大战期间,吉百利的所有者管理着吉百利,经理人则拥有吉百利。其他人却不那么聪明。例如,玻璃制造巨头皮尔金顿(Pilkington)将所有高层职位保留给家族成员。但是到二十世纪二十年代末，家族成员把控的皮尔金顿公司完全与现代公司经营的复杂性不相匹配。利润不断下滑。董事长奥斯汀·皮尔金顿（Austin Pilkington）在压力下崩溃，无法制定长期战略。家族采取了补救措施，把外人引入董事会，要求年轻的皮尔金顿家族成员参加管理培训班，但那时公司已经丧失了在玻璃行业的大部分领先地位。[3] 这家公司之所以得救，是因为它有幸招聘到了一位才华横溢且姓氏同为皮尔金顿的人，只是后来才发现他与家族一点关系都没有。

正如我们将看到的那样，最终出现的英国大公司比美国同行更持久，赚取的利润更多。问题是总量不够大。绝大多数家族企业规模太小，无法在一个由规模经济和领域经济主导的世界中茁壮成长。英国号称有2 000多家棉花公司——约翰·梅纳德·凯恩斯（John Maynard Keynes）曾抱怨"曼彻斯特或许没有足够宽敞的大厅可以容纳所有董事"——但只有极少数的公司拥有手法娴熟的市场营销部门。钢铁行业也由家族企业主导，这些家族企业几乎无法在国内市场保持领先地位，更不用说纵横驰骋于国外市场了。

唐纳德·科尔曼（Donald Coleman）在一篇著名的文章中指出，英国企业生态的祸根在于"绅士"和"玩家"之间的区别。太多没有才智的业余人士位居高位，而太多有能力的职业人士却荒废了才华。缺乏管理专业知识使他们付出了巨大的代价。例如，在第一次世界大战结束时，英国武器制造商维克斯公司（Vickers）把在和平时期的多样化战略仅仅看成是为现有的工人和工厂找活干，而不是一个使公司现代化的机会。与杜邦公司（Du Pont）不同，维克斯公司未能在研发上进行投资，也没有建立起自己的营销团队。

这反映出哲学上的不同。对于美国实业家而言，公司本身几乎就是他们为之奋斗的目标。他们对公司悉心照料，伴其成长壮大。而对于英国的实业家来说，公司只是一种手段，供他们达至更高目的——文明的生活方式。公司的存在是为了任人利用。例如，在第一次世界大战之前，英国的股息收入比高达80%到90%，远超美国。

这指向了英国企业的第二个问题：一种出于势利而对商业的致命厌恶。精英私立学校引导他们最有才华的学生研习诸如古典文学这样明显毫无用处的学科,并对任何带有商业气息的东西不屑一顾。(正如爱德华时代流行的一句话,"他获得了制作果酱的学位,在利物浦和伯明翰"。)公立学校和新型大学都竭尽全力效仿伊顿公学和牛津剑桥的反实用主义偏见。乔治·奥威尔(George Orwell)指出,这个教育制度的理想"产品"(此处指学生)"并不拥有土地,但是……(他们)感觉自己在上帝面前是地主,通过成为专业人士和服务他人——而非从事贸易——依然保持着半贵族的面貌。"[4]

对英国知识分子来说,尤其是在战争时期,经商是一种低下的生活方式,只有愚蠢之徒和缺乏想象力者才会追求这种生活方式。小说家斯诺(C. P. Snow)笔下的一个人物有言:"成功的生意令人极度乏味。"[5] 大文豪刘易斯(C. S. Lewis)对牛津大学背后最大的金主、他深爱的大学最慷慨的捐赠者之一纳菲尔德勋爵(Lord Nuffield)的尖刻评论是"我恨透了那个人"。[6] 剧作家普利斯特里(J. B. Priestley)对"低劣、贪婪、攫取利润的行为和股份公司为主的工业体系"进行了有力驳斥。[7] 几乎所有人都指责工业污染了乡村,败坏了文化,打破了他们和平安宁的生活。

这种反实用主义的偏见剥夺了英国公司的科学专业精神和管理智慧。两次世界大战期间，在英国大学学习科学的学生比例从 1922 年的 19% 下降到了 1938 年的 16%。那些因学习科学而甘冒社会歧视风险的学生也纷纷效仿他们那些人文学科同事的反实用主义偏见。1927 年，卢瑟福勋爵（Lord Rutherford）在布里斯托大学开设一套新的实验室时，明确表示，如果这些实验室致力于"与工业有关的研究"，他会认为这是一场"彻头彻尾的灾难"。[8] 1925 年至 1930 年间创设的 71 个新兴科学教席中，只有四个属于技术类。[9]

尽管如此，与商业教育相比，科学还是得到了相对积极的尊重。英国只产生了一小部分商业和会计学科门类，即便这些学科也极力避免与商界产生任何接触。1930 年，美国一位名叫亚伯拉罕·弗雷克斯纳（Abraham Flexner）的观察家指出："销售技巧方面的实用课程因明显缺失而格外扎眼。教师们对美国的发展并不陌生，但他们对美国的发展不以为然。他们并不假装是有能力了解商业问题的实干家；曼彻斯特的商学院没有任何职员与企业有任何报酬关系……他们还发现,成功的商界人士没有任何东西可以告诉他们的学生。"

这一切导致的结果是,英国公司既缺乏能干的新手,也缺乏掌握最新专业知识的老手。对1937年至1938年剑桥大学毕业生的一项调查显示,跟随父亲经商者比从事任何其他职业的都要少:只有23%的来自商业家庭的男生毕业后自己经商。[10] 实业界必须与那些"被挑剩下的弱者"——没能进入大学或成为专业人士的人们——打交道。不可避免的是,他们经常贬低"外国方法",如经济学、工业心理学或会计学,以此来为自身低下的培训水平找借口。二十世纪三十年代,英国只有区区十几家大型制造商为大学毕业生制定了管理培训计划。

对工业品的恐惧甚至表现在英国公司城镇的发展上。由于工业革命造成城市肮脏、拥挤和混乱不堪,一些英国最好的公司开始认可埃比尼泽·霍华德(Ebenezer Howard)提出的"花园城市"概念,即一种新型去中心化的社会秩序,人们可以像在农村生活那样与土地保持联系,同时也可以享受城市生活中的医院、音乐厅和美术馆等公共设施。乔治·吉百利(George Cadbury)把他的工厂搬到伯明翰市郊的伯恩维尔，以躲避"不健康的城市生活"。小镇有大量的公园，每个工人的房子都有一个大花园，租约要求对花园及时维护。另一位贵格会教徒、巧克力大王约瑟夫·罗恩特里（Joseph Rowntree）建造了新埃尔斯维克（New Earswick），这是一个看起来很传统的村庄，正如其中一位建筑师所言："它赋予了人们在封建时代所拥有的如水晶般清晰的秩序。"肥皂大亨威廉·利华（William Lever）甚至更热衷于给自己的模范小镇——阳光港（Port Sunlight）——一种前工业化的感觉，吩咐他的建筑师仿造都铎时代和伊丽莎白时代的著名建筑，包括莎士比亚妻子安妮·海瑟薇（Anne Hathaway）的小屋。

尽管如此，再多的反公司活动也无法将英国拉回中世纪。公司深刻地改变了英国人的生活。公司还推动了工会的发展（1900年工党成立）。公司改变了人们的工作习惯。公司为以前被剥夺了工作机会的群体——妇女——提供了就业机会。1861年后的半个世纪，女性文员的数量增加了500倍（男性则只增加了5倍）。莫斯汀·伯德（Mostyn Bird）1911年的小说《工作中的女人》（*Women at Work*）向人们展示了这些新型文员对城市办公场所面貌的改变："在早晨、傍晚和午餐时间，妇女们从每一个写字楼街区涌进涌出，人数与男子不相上下。城市已不再是男人独占的领地。"[11]

为数不多的好人

情况也并不都那么糟糕。正如我们将在第七章中看到的，就其所具有的全部特质而言，英国公司仍然比美国企业国际化程度更高。此外，还有一批英国先进企业的精英意识到，把握变革远比抵制变革能带来更多好处。

股市一直是推动这一趋势的因素，英国在这一领域保持了对美国的领先地位。早在十九世纪八十年代，航运及钢铁公司就开始利用伦敦市场筹集资金，为造船等新技术融资。1886 年，吉尼斯公司（Guinness）作为一家上市公司正式成立。在仿若吉尔伯特和沙利文这对搭档笔下的戈德伯里先生这类专业操盘手的推动下，一些公司通过发行较低面值的股票，使较小的投资者更容易进入市场。1885 年，只有大约 60 家国内制造商和分销商上市；到1907年，这一数字已接近600家。

有趣的是，时至1912年，英国出现的几家大公司（至少从长期来看）比美国同行更成功。[12] 帝国烟草公司这个松散的家族企业联合体看起来可能远不如詹姆斯·杜克庞大的美国烟草公司显眼，但到1937年，它的规模增长到了原来的四倍：帝国烟草公司更成功地将吸烟者从使用其他形式的烟草转化为使用品牌香烟，并更好地促进了公司内部的竞争。[13] 同样，英国石油公司（British Petroleum）的长期表现也优于埃克森美孚公司，J&P服装公司（J&P Coats）的表现亦优于美国毛纺公司（American Woolen）。

一些历史学家推测，英国在第一次世界大战期间诞生的少数几家大公司都由于自由贸易而变得更加强大，而美国公司则没有这样的经历。正如J&P服装公司所显示的那样，上市也是提高业绩的一个刺激因素。到第一次世界大战结束时，一家总部位于偏远的佩斯利的小型缝纫线公司已经跻身英国最大的制造商之列，这要归功于该家族在十九世纪八十年代做出的通过发行流通股票来稀释家族所有权的科学决定。第一次世界大战后的合并热潮导致上市公司的数量迅速增加：1924年达到719家，1939年更是升至1 712家。到二十世纪二十年代初，英国57%的企业利润来自上市公司，这个数字到1951年逐渐上升至71%。

J&P服装公司、壳牌公司（Shell）和帝国烟草公司是现代公司中的一小部分精英，这一群体还包括联合酿酒公司（Distillers）、考妥尔公司（Courtaulds）、吉凯恩集团（Guest Keen & Nettlefold）和吉尼斯公司。最具影响力的两个行业都是合并的产物：帝国化工（Imperial Chemical Industries，下文简称ICI）和联合利华（Unilever）。ICI于1926年将四家英国公司合并在一起，其多元文化根源令人印象深刻。它的主要组成部分是布伦纳-蒙德公司（Brunner Mond），该公司于半个世纪前由来自卡塞尔的德国人路德维希·蒙德（Ludwig Mond）和瑞士人J. T. 布伦纳（J. T. Brunner）在柴郡创建；它还包括阿尔弗雷德—诺贝尔公司（Alfred Nobel）的炸药业务。[14]阿尔弗雷德·蒙德爵士（Sir Alfred Mond）是促成1926年大合并的原动力。作为健康保险和利润分享的早期倡导者，蒙德甚至还曾受到过诗人艾略特（T. S. Eliot）的嘲弄("我不应该要天堂里的资本,因为我要去见阿尔弗雷德·蒙德爵士;我们两个一起躺着,休息,这样都能获得国债5%的收益)。ICI采用了阿尔弗雷德·斯隆(Alfred Sloan)的多部门结构(见第六章),雇佣了一支职业经理人团队,与大学建立了密切联系,并开始向杜邦公司挑战。到1935年,该公司拥有约50 000名工人,与新兴金属和工程巨头吉凯恩集团人数相同。

然而,拥有60 000名工人的英国最大的制造业企业是联合利华。利华兄弟公司一直牢牢掌握在威廉·利华手中,直到他1925年去世。据称,利华公司的壮大之路始于十九世纪八十年代,当时他听到一位顾客问这家商店是否还有他的"臭肥皂"。阳光牌肥皂成就了这家公司,更别提阳光港了。利华公司通过大肆发布产品广告等不那么体面的手段,击败了国内竞争对手。但战后,公司的商业决策变得愈发草率(在不知道联合非洲公司主营业务的情况下,耗资数百万英镑收购了该公司)。威廉·利华去世后,一位职业经理人弗朗西斯·达西·库珀(Frances Darcy Cooper)接手了这家公司,并在10年后与荷兰的竞争对手玛格丽恩·尤尼公司(Margarine

Unie）合并。

新创建的联合利华成为一个无情而高效的营销机器，调整产品以适应顾客口味（英国人喜欢咸奶油，而欧洲大陆人却不喜欢），并在其本土与宝洁公司（Procter & Gamble）展开竞争。1936年，该公司通过免费赠送其新品牌Spry的罐装食品，并宣称内含"超量奶油"，来对付宝洁的主要植物油产品Crisco；这一招为令人生疑的"科学"创造了条件，但这听起来足以迫使宝洁宣称Crisco"添加了双份奶油"，又倒逼利华公司宣称Spry添加了三份奶油。尽管宝洁公司最终以添加了超级奶油的Crisco胜出，但Spry的销量亦达到了Crisco的一半。[15]

这种转向植物油的做法意在强调一个简单的观点：当联合利华与宝洁争斗或ICI对抗杜邦时，双方是平等的。英国的悲剧是，ICI和联合利华是例外而非常态。直到第一次世界大战后，英国才在"第二次工业革命"中发展出大公司（钢铁、化工和机械领域）。然而，正如德国和日本所表明的那样，这些大公司确实可以在美国以外的地方建立。

德国工业的崛起

德国直到1871年才统一。然而，在接下来的四十年里，它的大公司让它得以取代英国成为欧洲的主要工业强国。十九世纪末，欧洲"新经济"的最好例证都在德国：西门斯塔特（Siemenstadt）的大型电气设备生产厂，勒沃库森、路德维希港和法兰克福的大型化工厂，以及鲁尔区和莱茵河沿岸的大型机械厂和钢铁厂。1887年，当阿尔弗雷德·克虏伯（Alfred Krupp）去世时，他的公司雇佣了20 000人，并以拥有专属医院和学校而自豪。当时的英国完全无法望其项背。

德国的公司在关注新经济方面与美国类似：排名前200位的公司中近三分之二涉及金属、化工和机械。但它们展示了一种完全不同的资本主义，强调合作而不是竞争，并赋予国家主导地位。到1900年，德国企业模式与盎格鲁—撒克逊模式之间已明显存在四个结构性差异。

最明显的是德国对盎格鲁—撒克逊人认为的反竞争手段的容忍。德国法律并没有像英国法律那样禁止"限制贸易的合并"。德国也没有任何反垄断立法，如美国的《谢尔曼反托拉斯法》。1897年，即美国最高法院裁定《谢尔曼反托拉斯法》合宪的那一年，德国法院裁定，规范价格、产量和市场份额的合同协议可在法庭上执行，因为这些协议有利于整个国家。它们在本质上是一种"合作自助"的形式。

这一国家主义观点因弗里德里希·李斯特（Friedrich List）的著述得以强化。李斯特是个略显古怪的人物，推崇与亚当·斯密观点相左的普鲁士做派，但人生大多数时间流亡于美国。在1841年的《政治经济学的国民体系》（*The National System of Political Economy*）一书中，他认为，基本的经济单位不是个人，而是国家，商人和政治家的工作就是为国家利益团结起来。他的思想首先受到普鲁士政治家的热情鼓吹，然后又获得新统一的德国领导人的认可。对掌控着德意志帝国的容克贵族而言，工商业的存在就是为伟大的战争机器提供力量；当然，他们应该携手合作。

1873年至1893年的经济衰退促使德国公司走到了一起。卡特尔（cartel）的数量从1875年的区区4个增加到

1905年的385个。[16]卡特尔的范围从非正式的"君子协定"到严格按照法律组建的辛迪加（syndicate）。"模范联合体"是莱茵河—威斯特伐利亚煤炭联合体（Rhenish Westphalian Coal Syndicate），它规范生产和价格，并在1893年至1945年间以各种形式进行运作，成员曾一度多达90家公司。"利益共同体"（Interessen-gemeinschaften，简称IG）是一个由企业组成的联盟，它们汇集利润，协调从专利到技术标准的各种政策。这种"利益共同体"的成员也经常通过交叉持股紧密联系在一起。

德国法本公司（I. G. Farben）就是一个很好的例子。它最初是一个由年轻的化工公司［包括拜耳（Bayer）和霍斯特（Hoescht）］组成的松散联盟，通过卡特尔进行合作，然后首先发展成一个"利益共同体"，最终在1925年经过适当整合，变为一家公司。到二十世纪三十年代末，法本公司已控制了德国98%的染料，60%到70%的摄影胶片，50%的药品。然而，公司政策仍然由一系列委员会决定，这些委员会看起来就像公司的董事会一样。法本公司还与其他德国化工公司交叉持股、组建合资企业及签署价格协议。

与盎格鲁—撒克逊资本主义的第二个区别是大银行的影响。德国的资本市场过于本地化，效率低下，无法推动其工业化。德国的银行家们通过组建股份制和有限合伙制银行，适时地从各种储户手中筹集资金，首先进入铁路（由银行债务而非债券提供资金），然后在1879年铁路国有化之后，进入西门子（Siemens）这样的年轻工业公司，从而打破了这一僵局。最大的银行是那些"全能银行"（universal banks），它们设法让自己成为集商业银行、投资银行和投资信托公司于一身的金融集团。（摩根大通也取得了类似成就，但其路数是规避法律，而非受到法律的鼓励。）德意志银行（Deutsche Bank，成立于1870年）和德累斯顿银行（Dresdner Bank，成立于1872年）专注于为大型行业融资，而规模较小的银行则侧重于为同样推动了德国经济走向成功的中型家族企业服务。

1913年，25家最大的股份公司中有17家是银行。全能银行为该国近一半的净投资提供资金。银行家们还在德国所有大型工业公司的监事会中任职，提供咨询、关系以及资本［1883年，正是银行家们组织了西门子公司与德国爱迪生公司（German Edison）的合并］。他们的权力经由代理投票权而获得放大,代理投票权允许他们为所有其他投资者投票,这种安排使得敌意收购几乎不可能执行。[17]

银行家的影响力反映了与盎格鲁—撒克逊世界的第三大不同之处,即德国的两级公司控制体系。1870年颁布的自由组建公司的法律还要求股份公司拥有两级控制权:负责日常决策的管理委员会和监事会,由大股东和各种利益集团组成,不仅包括银行,还包括地方政要、卡特尔合作伙伴,最后还有工会。1884年,监事会获得了更大的权力。

所有这些结构性差异——董事会、银行家,以及合法的共谋——强化了德国公司的第四个特点:对其社会角色的重视。正如我们所料,德国的利益相关者资本主义一定程度上受到了德国行会的影响,这些行会比它们在欧洲其他地区的对手存续的时间要长得多,并为学徒制保留了重要的制度(这有助于解释德国对培训的痴迷)。起初,承担社会责任完全出于自愿。阿尔弗雷德·克虏伯早在十九世纪五十年代就为他的工人引入了养老金、医疗和人寿保险,而从1883年到1889年,俾斯麦更是要求公司实行全面"社会保险"制度，必须支付养老金；1891年，他引入了"共同决定"制度，给工人对公司事务一个正式的发言权。

结果是，德国公司比他们的盎格鲁—撒克逊对手更热衷于与工会合作。尽管个别雇主可能会与工会发生冲突，有时甚至是激烈的冲突。但是，有一种强烈的信念认为，在一个理想的世界里，所有利益方都应参与决策。管理人员常常给工厂工头们出主意（这一做法在第一次世界大战中转化为军事胜利：德国军队给予了未被任命的军官更多的权力）。1920年，德国通过了建立工人委员会的法律，使工人们能在更多事务上发声。第三帝国时期废除了工会权力。但即使在希特勒的统治下，德国人仍然坚持他们的信念，继续与社会的各种利益集团协商，尽管有时形式有悖常理。纳粹支持的德国劳工阵线帮助改善了工厂的工作条件，甚至开始为工人们提供廉价的假期旅行。[18]

德国的一个有趣问题是，这种明显不同的公司理念在多大程度上有助于解释其毋庸置疑的经济成功。二十世纪上半叶的巨大动荡只会增加人们对德国取得重大成功的怀疑：其公司不得不经受两次世界大战战败、数次长期经济衰退、纳粹主义和国家分治。我们怀疑，德国的成功与其说归功于利益相关者资本主义，不如说归功于两件更实际的事情。

第一个是对教育特别是科学和职业教育近乎膜拜式的重视。这种重视早已开始。[19] 彼得·德鲁克断言，德国制造业生产力的基础是在十九世纪四十年代由奥古斯特·博尔西希（August Borsig）打下的，此人是一位早期的工业家，开创了公司学徒制，将在职经验和正式课程进行了融合。[20] 大学——特别是技术型大学——很乐意作为研究机构和当地工业的招聘基地。[21] 到 1872，仅慕尼黑大学就拥有比整个英格兰还多的化学专业研究生。柏林工业大学开设了一门两年制的课程，学习如何建立和管理工厂。[22] 德国大约在 1900 年与美国同时开始建立商学院。像 1856 年建立的德国工程师协会（Association of German Engineers）这样听起来无聊的行业团体，实际上提供了咨询服务，并大力传播技术知识。德国公司还率先建立了公司内部实验室，投入巨资进行研发，甚至煤炭、钢铁等基础行业亦不例外。[23]

第二个相关领域是对管理者的尊重,他们享有与公共部门管理者同等崇高的地位。(较低级别的管理人员甚至被称为"私人公务员"。)在英国,即使是最高级的受薪高管也常常被称为"公司公务员",到1920年,只有少数管理人员获准进入董事会。在德国,受薪管理人员主导着监事会。[24] 德国公司还特别强调赋予技术人员管理责任,而不是像美国人所倾向的那样仅仅依靠一般人员。[25]

日本财阀的崛起

日本的有组织资本主义与德国有许多相似之处。日本在十九世纪七十年代也取得了长足的进步,接受了公司的概念,将最新的专业精神与显著到甚至有些返祖的民族主义相结合。

1868年,统治这个国家超过250年的幕府垮台,权力回到了16岁的明治天皇(或者更确切地说,他身边的官员和寡头)手中。一些支持复辟的武士希望天皇能一扫国家野蛮的形象。相反,执政的寡头们决定向西方开放这个国家，作为他们"富国强军"政策的一部分。他们邀请了来自23个不同国家的2 400多名外国人提供西方经验的指导。聘请外国专家的费用约占政府支出的2%。[26]

国家强迫"武士"摒弃封建生活方式，穿上西服。它还通过出售国有工厂创造商机，引入股份公司法，废除行会和其他职业选择限制，并鼓吹赚钱完全符合神道教和佛教信仰，以及宣扬彻头彻尾的爱国主义。许多武士摇身一变，成为商人，而且往往是用放弃其军事职责而得到的补偿金创办公司。

年轻的公司有一个优势，那就是能够从他们前辈的错误中吸取教训。公司都呈爆炸式增长。1886年，日本近三分之二的纱线依靠进口；到1902年，几乎全部实现国产；到第一次世界大战时，日本占世界棉纱出口的四分之一。日本公司尤其擅长电气化。到1920年，日本工厂一半的电力来自电动机，而美国不到三分之一，英国只有四分之一。

毫无疑问，政府在日本的"大跃进"中发挥了领导作用。产经省认为，它的作用是"通过迅速抓住西方工艺的优势来弥补日本的不足"。为达成这一目标，产经省使用了很多手段。向基础设施建设投入资金，创办大学，引导公司的商业活动，建立公司的信用，成立上市公司作为西方技术和西方商业模式的接受者。第一次世界大战之前，政府投资通常都超过私人投资。一位大学教师有了建造一座电站的狂野梦想，向他介绍风险投资人的不是别人，而是政府官员。结果导致了东京电灯公司[Tokyo Electric Light Company，东芝公司（Toshiba）的前身]的诞生。涩泽荣一（Shibusawa Eiichi）创建了第一银行（Dai Ichi bank），为许多初创的股份制公司提供资金，他还曾在大藏省工作过一段时间。三井公司（Mitsui）喜欢把自己比成英国东印度公司。三井公司的主要竞争对手三菱重工（Mitsubishi）在很大程度上要归功于政府对航运的补贴。1894年，这家公司把船借给军方与中国开战，以此偿还这笔恩惠。

三菱是日本财阀的典范，日本的财团（字面意思是"金融集团"）在第二次世界大战前一直统治着日本的商业[后来又以"经连会"（keiretsu）的身份重生]。这些财团是封建王朝、老式贸易公司、政府机构和现代企业的奇怪混合体。每个财阀的核心，都有某一家族控股公司，通过交叉持股和相互关联的董事会控制着一批其他公司。每个财团通常至少包括一家银行和保险公司，吸收公共储蓄。管理人员通常被从大学招募进控股公司。在那之后，他们会在这家公司的"大家庭"中度过一生。

构成每一个财阀的公司在许多令人困惑的行业中运作，但缺乏专注力并没有影响其具有高度的竞争力。在最好的情况下，财阀结构具备强大的灵活性：企业可以专攻细分市场，但在需要的时候也可以形成规模经济。两家集团之间的竞争也会使双方保持良好的状态。到第二次世界大战结束时，三井、三菱、住友（Sumitomo）、安田（Yasuda）等四家最大的公司控制了日本公司四分之一的实收资本。[27] 与德国一样，小型企业仍能存活，根据1930年普查结果，日本制造业产出的30%来自员工不到五人的工厂，但经济运行的基调由财阀确定。

财阀特别成功地将家族所有权和精英管理融为一体。可以理解，创始家族会对股份制感到紧张。最初，他们试图通过特殊类别的股份来保持其控制权，在十九世纪九十年代这些股份被禁止之后，他们做出安排，以使其后代们能够共同持有股份（并禁止他们出售股份）。三菱的控制权在岩崎（Iwasaki）家族的两个分支之间交替。创始人坚持认为："尽管这一企业自称为一家公司，并拥有公司架构，但实际上它完全是一个家族企业。"[28] 在三井，公司所有权由同一家族的五个分支共享。

然而，同样是家族企业，在将日常管理交给专业人士方面，日本明显优于英国。聘请专业经理人（banto）管理家族企业的传统可以追溯到十八世纪。日本主要的工业家庭也被证明非常善于将对封建主的忠诚转变为对企业忠诚：曾经愿意为主人而死的武士成了对公司忠诚的员工，愿意为公司的成功做任何事（并获得终身雇佣作为回报）。到二十世纪三十年代初，几乎所有的财阀都将管理权交给了训练有素的专业人士。1924年对181家最大的日本公司进行的一项调查发现，64%的高管拥有大学学位或同等学历，这一比例远高于当时的美国。[29]

在德国和日本，政府为了追求大国地位而控制经济的做法在第二次世界大战中达至一个丑陋的巅峰。有一段历史很好地描述了纳粹对待商业的方式：小公司被强制加入为国家商业机器服务的数量有限的大型工业集团中，就如"走火入魔的李斯特经济学"。[30] 对道格拉斯·麦克阿瑟（Douglas MacArthur）来说，财阀就像是封建残余，麦克阿瑟在第二次世界大战后把它们全部拆散。麦克阿瑟毫不犹豫地为公司找到了最好的模式：美国的可口可乐公司（Coca-Cola）和通用汽车公司（General Motors）。

第六章
管理资本主义的胜利

公元 1913 年—1975 年

到第一次世界大战爆发时,大公司已成为美国社会中一类举足轻重的机构,历史上经济增长最快时期之一的发动机,政治生活中的一股主导力量,以及将美国从一个"岛屿社区"社会转变为一个同质化国家社会的决定性角色。很大程度上,这一切得益于美国对这一非凡制度的全面接受,美国世纪正渐行渐近。

不同形式的公司继续在世界各地萌芽。我们已经讨论过英国的家族企业和日本的财阀;如果本书篇幅再长一点,我们还可以探讨法国大型公用事业公司或意大利北部小型企业网络的过人之处。即使在美国,经济也由于战争、衰退和新政的实施而中断增长,给人们带来不安,更不用说持续不断的技术变革为小公司提供了跃进的机会,同时也为老牌大型企业的发展带来了绊脚石。谁还记得中央皮革公司(Central Leather)、内华达联合集团(Nevada Consolidated Group)或者库达赫包装公司(Cudahy Packing)?[1]

尽管如此,第一次世界大战后的六十年里,最值得人们注意的是连续性,特别是美国大企业的持续成功。1913年去世的摩根如果在世的话,不会对1970年美国最大公司的名单感到陌生。然而,造就这种可预测性和相似性的,恰恰正是二十世纪二十年代引入的一项重要创新:多部门公司。

多部门公司本身是一项重要的创新,因为它使大公司专业化,并确立了其主导架构。但同样重要的是,这一架构成为"管理至上"的模板。如果镀金时代的典型人物是掠夺大亨,那么其继任者就应该是职业经理人——可能这是一个更无趣的角色,但令人意外地引起了争议。二十世纪四十年代,诸如已经垮台的托洛茨基派左翼作家詹姆斯·伯纳姆(James Burnham),就认为新的管理统治阶层已经不动声色地抹去了资本主义和社会主义之间的区别；二十世纪八十年代，企业掠夺者们也说了大致同样的话。

斯隆的变革

二十世纪前二十年，一场无声的变革开始了：所有权和控制权的逐渐分离。掠夺大亨们可能把重大战略决策权掌握在自己手中，但他们对其庞大商业帝国的每一个细节事必躬亲。他们在直系亲属身上也找不到所需的管理技能，而且后者往往另有所好——迪格比·巴尔策尔（Digby Baltzell）笔锋犀利地点评："离婚的约翰·雅各布·阿斯特三世（John Jacob Astor III，三个妻子）、小科尼利尔斯·范德比尔特（Cornelius Vanèderbilt, Jr.，五个妻子）、汤米·曼维尔（Tommy Manville，九个妻子），还有托平兄弟（the Topping brothers，他们共有十个妻子）。"[2] 因此，公司创始人将目光投向了一个新的职业经理人阶层。

金·吉列（King Gillette）、威廉·赖格利（William Wrigley）、H. J. 海因茨（H. J. Heinz）和约翰·D. 洛克

菲勒等工商巨头们雇佣了一大群身穿黑衣者,试图为其混乱的商业"帝国"带来秩序。美国的大城市被重新设计,为这些管理者提供了一个"家"——被称为摩天大楼的崭新的"垂直文件柜"。1908年,胜家公司(Singer Company)在纽约建造了当时全球第一高楼(高612英尺)来安置公司的一些管理人员,但18个月后,大都会人寿大厦(高700英尺)拔地而起,随后伍尔沃思大厦(高792英尺)刷新了高度。

身居这些塔楼的人们一开始就做着枯燥乏味的工作,协调从供应商到最终客户的物料流动。但很快,他们的组织技能——比如,胜家公司对上门推销的精通——就成了其自身决定性的竞争优势。渐渐地,这些"公司人"也开始做出重大战略决策。每次合并都要求中央管理层确保收购的业务更合理化。每个掠夺大亨的死都解放了他们的双手。每一次股票发行都分散了所有权:普通股股东从1920年的200万增加到1930年的1 000万。

这就是阿尔弗雷德·斯隆在通用汽车公司开创多部门公司的时代背景。与许多其他年轻公司一样,通用汽车也在1920年的重组中陷入了困境。公司创始人威廉·

杜兰特（William Durant）——被斯隆称为"一个伟大的人，他长于创新，但管理不善"——控制了公司几乎所有的活动，获得了底层员工们的支持。通用汽车是由皮埃尔·杜邦（Pierre du Pont）拯救的，他买下了这家陷入困境的汽车制造商37%的股份。接着，他选择了斯隆这位年轻的工程师（当时负责管理通用汽车的零部件部门）自上而下重新设计公司。

斯隆于1923年成为通用汽车公司总裁，他是典型的组织管理者，也是第一位以此闻名的职业经理人。"管理一直是我的专长，"他在自传中直截了当地写道。[3] 杜邦和斯隆认为，公司的活动过于分散，无法由一个中央机构管理。于是，他们决定将汽车、卡车、零部件和配件业务等各个部门视为独立的部门。每一部门均由其所服务的市场定义。在汽车领域，这由"价格金字塔"决定：即凯迪拉克为富人打造，奥兹莫比尔力求舒适而稳重，别克象征奋勇向前，庞蒂亚克为自豪的底层人士量身定制，而雪佛兰则为平民服务。通过为"不同客户的不同需求"提供不同的汽车，通用汽车可为客户一生的不同阶段提供不同的产品。[4] 它还改善了经济周期。在繁荣时期（如二十世纪二十年代末），通用汽车可以通过高端产品提高利润；而在萧条时期（如二十世纪三十年代），它可以依靠雪佛兰赚取足够的利润。

然而，如果说斯隆的管理风格基于权力下放，那也是有控制的权力下放。各部门被集中起来，利用统一采买的影响力，确保从钢铁到文具等各种物品的采购价格更便宜。斯隆和杜邦建立了一个强大的综合办公室，由人数众多的人员组成，负责监督这一复杂的结构，例如，确保各部门正确对待特许销售人员。部门经理关注市场份额；总经理则监督他们的表现，把更多的资源分配给成就最高者。在高层，由杜邦和斯隆领导的十人执行委员会负责制定统一的公司战略。

斯隆主义的妙处在于，公司的结构可以轻易扩展：如果研发出一种新产品，便可成立一个新的部门。"我不认为规模是一个障碍，"斯隆写道。"对我来说，这只是一个管理问题。"最重要的是，用斯隆的话来说，这家多部门公司被定义为"一个客观的组织，与那些迷失在个人风格主观性中的公司类型完全不同。"换句话说，通用公司跟亨利·福特的公司不一样。

福特对其庞大帝国事必躬亲的决心将这家公司推向了灾难。他忽视了市场细分的新科学和关乎管理理论的更广泛的学科。(他让人知道,任何一个被发现身携组织结构图的人,不管画得多么粗略,都会被当场解雇。)[5]他故意在儿子和他最有权势的一位副手之间制造一场毁灭性的冲突,把许多极富才华的经理人赶出了公司,甚至拒绝实施最基本的管理控制。一个部门通过权衡一堆发票来计算成本;该公司后来在第二次世界大战期间因超额利润而被征收5 000万美元的附加税,因为没有人提交战争承包商必需的表格。[6]1929年,福特的市场份额已经下降到31%,而通用汽车的市场份额则从17%上升到32.3%。[7]

具有讽刺意味的是,装配流水线的发明者自己却被排挤在外。正如一位历史学家托马斯·麦克劳(Thomas McCraw)所言:"福特在机器方面颇有建树,而斯隆则重点关注人"。[8]"多部门结构"正逐渐被许多美国大牌公司接受[包括通用电气、美国橡胶(United States Rubber)、标准石油和美国钢铁],成为管理效率提升的理想工具。例如,杜邦公司一度大胆实施多元化,生产出一系列有前途的新产品，包括油漆、染料、薄膜和其他化工产品。但其集约化管理系统负荷过重，以至于唯一能赚钱的仍是传统爆炸物业务。一旦仿效通用汽车的例子，开始创建独立的部门来管理其各种业务，新的实体便开始盈利。到1939年，炸药只占其总收入的不到10%。

杜邦公司还展示了斯隆体系的另一个优势：创新制度化，使之成为特定人的责任。杜邦公司投入大量资金进行研发，不仅支持其各个部门的专业实验室，还支持一个聚焦于基础研究的中心实验室，即"纯度大厅"。到1947年，杜邦公司58%的销售额来自于前二十年研发的产品。[9]

即使是不太受斯隆直接影响的公司也信奉他的职业管理信条。1927年，可口可乐公司的研究人员开始了一项为期三年的研究，对15 000多个销售这种饮料的地方进行了调查，以确定诸如销量与接触产品的人流之间的确切比率。在全心投入的罗伯特·伍德拉夫（Robert Woodruff）带领下，类似的科学研究不仅导致瓶装可乐在车库里出售，而且涉及对运输卡车颜色（红色）和广告中的女孩（如果照片中只有一个女孩，则选择深色头发的白人女子）的严格规定。销量如期飙升。

在宝洁公司，公司还致力于更专业的营销，不经意间通过创作肥皂剧（公司赞助的广播剧被称为肥皂剧）来融入现代文化。1931年5月13日，一位名为尼尔·麦克尔罗伊（Neil McElroy）的自命不凡的宝洁公司新员工打破了公司内部关于备忘录不超过一页的禁令，提出了一个三页的建议，建议公司任命特定团队来管理特定品牌。"品牌管理"为消费品公司提供了一种模仿斯隆多部门结构的方式。[10]

二十世纪三十年代，这种做法变得越来越重要。道琼斯指数在1929年9月3日跌至386.10点，到1932年7月更是跌至40.56点。工业产出下降了三分之一。大萧条时期，消费者只愿意掏出不多的现金购买真正的新品（或显眼的商品：到二十世纪三十年代末，仅宝洁公司一家每年就在广告上投入1 500万美元）。然而，在这场动荡中，信奉斯隆主义的大公司坚守了自己的立场。由于进入大多数商业领域的壁垒仍然高企，它们很少受到新兴企业的威胁。主要的危险来自某个生产类似产品的巨头有计划地进入它们的传统领域。一家多部门公司只可能被另一家多部门公司击败。

职业经理

这种成功的背后是一种新的管理文化。十九世纪末，商业教育只不过是传授记账和秘书技能。只有 1881 年成立的宾夕法尼亚大学沃顿商学院提供了更强大的课程。但商学院逐渐四处开花。哈佛商学院于 1908 年开始招生，福特公司的 T 型车也是那一年开始驶下装配流水线。到 1914 年，哈佛大学开设了市场营销、公司金融甚至商业政策等课程。

管理思想家也开始追随弗雷德里克·泰勒的足迹。亚瑟·D. 利特尔（Arthur D. Little）是新一代管理顾问中的领头羊；紧随其后的是詹姆斯·麦肯锡（James McKinsey），他在美国管理协会成立三年后的 1926 年创办了咨询公司。就连政客们也加入了这股热潮——赫伯特·胡佛（Herbert Hoover）试图将科学管理应用于政府。

从一开始，这些管理思想家就提出了相互矛盾的建议。包括玛丽·帕克·福利特（Mary Parker Follett）和埃尔顿·梅奥（Elton Mayo）在内的"人文主义学派"对泰勒主导的"理性主义学派"提出了挑战，认为长期成功的关键在于善待工人。1927年，包括梅奥在内的一组行为科学家开始了一项为期十年的史诗般的研究项目，对西方电气公司（Western Electric）在芝加哥的霍桑工厂进行了研究（除其他成果外，这项研究证明了开灯和关灯对提高生产效率亦有影响）。

然而，即使是这些较温和的思想家，仍然是新管理信条的使徒。"管理层，而不是银行家和股东，是产业的基本要素，"福利特认为。"好的管理才能赢得信誉，吸引员工，吸引客户。无论发生什么样的变化，无论产业是属于资本家还是属于国家，或属于工人，都必须始终加以管理。管理是企业的永久职能。"

福利特的观点可能被认为是为一位二十世纪无名英雄发表的部落宣言。公司经理没有得到正面积极的宣传。在1922年的作品《巴比特》（*Babbitt*）中，辛克莱·刘易斯（Sinclair Lewis）将公司经理视为自鸣得意的庸俗主义象征。乔治·奥威尔在1939年的《上来透口气》（*Coming Up for Air*）中把公司经理描绘成一个工资奴隶——"除非他睡得很熟,梦见自己把老板弄到井底,还往老板身上倒了一堆煤。"然而,是公司经理帮助改变了世界各地的公司。

早在1920年,两个因素造就了"公司人"的性格:职业标准和公司忠诚。"公司人"的定义是他的资历,而不是他的血统(如上层阶级)或他的集体力量(如工人)。他是一个职业层级中的一员,这个层级采纳了弗雷德里克·泰勒的座右铭,即组织工作有"唯一的最佳方式",并嘲笑对此一无所知的粗野企业家。

但是,这种阶级团结由对雇主的忠诚加以平衡。根据当时的记录,标准石油公司的第一条规定是,每位员工必须"佩戴'标油'领章。当他被带进'乐队'时,这个领章即被铆接在领子上,头可断,领章不能换。"[11]

托马斯·沃森(Thomas Watson)这位1924年创立了现代IBM的推销员,利用"公司人"建立了自己的组织。[12] 他把公司设在纽约州恩迪科特的一个小镇上,便于制定规矩。IBM的员工们身着统一的深色西装和白色衬衫,不喝烈酒,在公司宣传曲中歌颂创始人,并竞相加入"百分百俱乐部",这是一个只对最成功的销售人员开放的精英俱乐部。他们甚至可以聆听创始人亲自创作的IBM交响乐。1940年的IBM日,约10 000名IBM员工乘专列参加纽约世界博览会。沃森认为,这样的忠诚"省去了每天决定做什么最好的烦恼"。

这种家长作风比起官阶更深入基层。关于股东资本主义的现代争论常常掩盖了这样一个事实:许多最好的益格鲁-撒克逊公司在没有政府的大力推动下,愉快地承担了社会责任。宝洁公司率先推出了残疾和退休养老金(1915年)、8小时工作制(1918年)以及最重要的是,每年至少48周(二十世纪二十年代)有保障的工作。大萧条期间,公司将裁员人数控制在最低限度,公司老板雷德·杜皮(Red Deupee)将自己的工资减半,并停止发放年终奖。曾怒言虽然雇佣的是一双手,但其实雇佣的是一个人的亨利·福特,每天付给工人5美元,远高于市场价格,成为全世界崇拜的对象。海因茨也为其雇员的公民教育付费。

决定公司意义的三次争论

随着公司在社会中角色的加深,关于这个角色的争论也随之加深。二十世纪三四十年代出版的三部作品对这个尴尬的机构提出了根本性的问题：为什么公司存在？它们为谁存在？工人们的情况如何？

这三部作品中最基本的一部始于1932年，当时一位21岁的经济学家刚刚结束美国工业之旅，向一群邓迪大学的学生作了演讲。五年后，罗纳德·科斯在《经济学刊》（*Economica*）上发表了一篇题为《企业的性质》的论文，试图解释为什么经济已经超越了个人之间相互销售商品和服务的范畴。他认为，答案与市场的不完善有关，特别是与交易成本有关，交易成本是单一交易者在获得最佳交易和协调生产及营销等流程时可能产生的成本。

公司自1850年以来的历史证明了科斯的观点。例如，通用汽车公司通过将以前独立完成的大量交易捆绑在一起，获得了巨大的规模经济效益。比如说，试图就一辆汽车所需的每一块钢材进行谈判的成本令人望而却步。不过，通用汽车公司仍然与独立的特许经销商打交道。科斯巧妙地引用了一位早期的英国经济学家丹尼斯·罗伯逊（Dennis Robertson）的话，他把"有意识的"公司与"无意识的"市场之间的关系说成是"凝结在一桶黄油里的一大块黄油"。通用公司可能是一大块黄油,但它仍处在更大量的液体之中。

1932年出版的第二本书《现代公司与私有财产》(*The Modern Corporation and Private Property*)概述了美国公司财富的分配情况。与20年前困扰摩根的普若委员会一样,伯利(Adolf A. Berle)和米恩斯(Gardiner C. Means)这两位作者找到了大量高度集中的证据:排名前200位的公司占总资产的一半;仅AT&T就控制了比20个最穷州更多的资产。但这些新的寡头并非由掠夺大亨拥有,而是由1 000万普通股东拥有。卡内基"所有人的事就成了没人在乎的事"的戏言已然成真。

公司本应在所有者的利益范围内运营。1916年,密歇根州最高法院做出了著名的裁决——在这起案件中,两个小股东(道奇兄弟)对亨利·福特提起诉讼——指出"商业公司的组织和经营主要是为了股东的利益。"伯利和米恩斯辩称,数百万股东的被动性冻结了"管理层在公司中的绝对权力。"从经济角度来说,代理人利益与委托人利益应区分开来。当然,管理者往往目空一切,自认无所不知。[当被船上的商人要求放慢速度时，荷兰东印度公司的一位船长雅各布·范·海姆斯凯克（Jacob van Heemskerck）大声反驳："我们冒着生命危险时，公司的头领们也要冒船毁人亡的风险。"][13]当然，理论家们一直在考虑所有权与控制权的分离。但伯利和米恩斯首先将公司治理确定为一个实际的问题。

从此以后，当局不再担心垄断企业家压榨小企业的生存空间，而是越来越多地寻求保护小投资者免遭不受约束的管理者权力的伤害。1933年，纽约证券交易所终于要求上市公司必须保有恰当的账户。1933年和1934年的《证券法》将向董事报告准确信息的受托责任牢牢地置于首位。罗斯福总统创立了美国证券交易委员会（Securities and Exchange Commission），这在一定程度上是为了对付银行家——他认为银行家是经济衰退的罪魁祸首。（他还成立了一支由监管机构组成的小分队，负责监管公司，将货运公司、航空公司和公用事业公司置于联邦政府的领导之下。）

最后一本书是关于通用汽车公司的。1942年，斯隆的注意力被彼得·德鲁克同年出版的新书《工业人的未来》(*The Future of Industrial Man*)所吸引,该书认为,企业既有社会层面,也有经济目的。斯隆邀请这位维也纳流亡者——当时仍被认为一事无成,不知道算是政治理论家还是经济学家——来分析通用公司。成果就是出版于1946年的《公司的概念》(*The Concept of the Corporation*)一书。

这本书是有史以来最优秀的管理学著作之一,行文天马行空,既谈及维多利亚时代英国绅士的比例(德鲁克认为,只占一小部分),也探讨俄国工业管理的效率。这本书对斯隆有很多正面评价。德鲁克认为,大就是美,通用汽车公司的分散化结构是其成功的关键。[14] 事实上,他的赞扬令无数公司纷纷效仿通用汽车公司。

但人无完人,公司亦是如此。《公司的概念》一书强烈要求通用汽车公司将员工视为一种资源,而不仅仅是一种劳动力成本。德鲁克警告说,在"装配流水线思维"的驱使下,工人的价值完全取决于他们与机器的相似程度。[15] 事实上,工人最有价值的不是他们的手,而是他们的头脑。当德鲁克确定了一个新的"知识工人"阶层(他在1959年提出此说),赋予工人权力的重要性变得愈发凸显。这些都是日本管理者（透彻研读德鲁克作品的一群人）比通用汽车公司更快学到的教训。这家汽车制造商与员工交流的努力最终演变为一篇文章：《我的工作和我喜欢它的原因》（"My Job and Why I Like It"）。

公司帝国

管理资本主义成功的一个标志是它在1945年后影响了政府的治理模式。第二次世界大战期间，各国政府都加强了对商业的控制。在德国，克虏伯公司和法本公司成为纳粹战争机器的助手。在美国，联邦政府采购了多达一半的工农业产品。世界各地的战时政府都命令管理人员和劳工进行合作，以提高生产能力，并竭力防止二十世纪三十年代此起彼伏的罢工。

这种关系在战后得以延续，尽管大西洋两岸都有不同的伪装。在美国，大政府仍然是大企业的重要盟友，经常征召商界人士［美国国防部长包括后来成为公司老板的宝洁备忘录撰写人尼尔·麦克尔罗伊、斯隆在通用汽车公司的继任者查尔斯·威尔逊（Charles Wilson）和福特公司的鲍勃·麦克纳马拉（Bob McNamara）]。冷战期间，德怀特·艾森豪威尔（Dwight Eisenhower）称之为"军工复合体"的公司诞生了。美国一些最大的公司，如冠名"通用"的公司，严重依赖五角大楼。即使是规模较小的公司也派出说客来敲定合同，制定监管条例。然而，政府的角色仍然是客户、警察和盟友，而非所有者。

西欧的情况并非如此，战后各国政府系统地将控制经济"制高点"的公司国有化：重工业、通信、基础设施。在许多国家，五分之一的工人受雇于国有企业。他们的创始人喜欢宣称他们正在创建一种新形式的社会主义公司。战后英国国有化之父赫伯特·莫里森（Herbert Morrison）认为："上市公司必须不仅仅是一个资本主义企业，全部和最终目的只有追逐利润和分红。董事会及其管理人员必须将自己视为公众利益的守护者。"

然而，国有化的预言家们在管理主义和规模主义方面都有着斯隆主义的倾向。像莫里森这样的政治家声称，他们可以通过更严格的控制和前瞻性的规划，比无政府的市场管理得更好。家族企业规模太小，无法在一个由规模经济和范围经济主导的世界中生存。国有化的公司将足够庞大,能够实现规模经济、资源流动和采用新技术。他们将由训练有素的专业人士管理,而不是笨手笨脚的业余人士。大多数国有企业都坚持公司模式,而不是将新领域变成政府部门。莫里森解释道:"这些公司将是上市公司和商业公司,他们将购买必要的人才和技术技能,并给他们安排领导。"

欧洲和亚洲各国政府向"国家选手"——要么为国家所有,要么与国家紧密相连的企业——投入了大量资源。例如,意大利国家石油公司埃尼集团(ENI)迅速发展为一家规模庞大的公司,旗下包括三十六家企业,涉足从原油到酒店诸多领域。政府即便没有为这些公司"宠儿"带来合同,政客们也会找到其他保护它们的方法。政府的严厉监管和干预使新入行者很难打破现状。许多国家看到了在大公司和大政府之间形成的旋转门。来自国家行政学院(Ecole Nationale d'Administration)的法国精英官僚在"私企"和"公企"之间上下其手,游刃有余。

从这个角度看,比起高调赞扬,国有企业对斯隆主义的威胁要小得多。存续性仍然是当今的秩序,尤其在美国公司不断扩大其对美国和世界的统治这一背景下。即使引进了国有企业,二十世纪七十年代之前,世界前200强企业的变化也不大。显然,德国和日本对统治世界的自杀式狂热,使第二次世界大战后美国商业巨头的日子好过多了。然而,即使在美国市场,大公司也不断从组织创新中获得回报。[16]

1947年至1968年间,美国200家最大工业企业拥有的企业资产份额从47.2%稳步上升至60.9%。银行增加了分行,合并了较小的部门。酒店、餐厅、租车服务在国家高速公路系统的帮助下,在全国各地建立了网络。蓬勃发展的信息技术行业催生了几家新公司[如施乐(Xerox)、德州仪器(Texas Instruments)和雷神(Raytheon)],使之跻身超级企业联盟。但老牌公司也表现不俗,如通用电话电气公司(GTE)、摩托罗拉(Motorola)、克拉克设备(Clark Equipment)、霍尼韦尔(Honeywell),当然还有IBM。[17]

至于华尔街的监管,保险公司、养老基金和个人投资者(数量在1952年下降到600万,但到1965年又上升到2 500万）似乎乐于让经理们放手去干。这可能是因为许多股东本身就是管理者，但股息收益率的征税比资本利得更为严厉。战后的管理者不必把现金返还给他们的所有者，可以自由投资，从而使他们的公司变得更大，他们自己更不依赖股东为投资提供资金。1945年至1970年间，非金融公司筹集的近3 000亿美元资金中，约三分之二来自内部来源。[18]

企业也变得更加官僚化和自省。权力下放对于管理者而言意味着就业机会：到二十世纪六十年代，通用电气公司已拥有190个独立部门，每个部门都有自己的预算，以及43个战略业务部门。无处不在的彼得·德鲁克暂时搁置了他所秉持的人文主义思想，即授权员工发明"目标管理"，这种方法在后来的几十年里一直主导着"战略思维"。在1954年的《管理实践》（*The Practice of Management*）一书中，他强调公司和管理者都需要明确的目标，实现这些目标的最佳途径是将长期战略转化为短期目标。他特别认为，一家公司应该有一个由总经理组成的精英团队，为更多的专业经理制定战略和目标："组织结构的设计必须使五年、十年、十五年后企业目标的实现成为可能。"

机构人和美国式仁慈

美国的职业经理人们在二十世纪五六十年代所享有的安全性和可预见性催生了一种非常类似于德国利益相关者资本主义的东西。公司不仅与政府有着密切的关系("对通用汽车有利就是对美国有利"),他们还把收益分给各个利益相关者。新泽西标准石油公司董事长弗兰克·艾布拉姆斯(Frank Abrams)在 1951 年一次典型的演讲中宣称:"管理工作的职责是在各种直接利益集团的诉求之间保持公平和有效的平衡……股东、员工、客户和公众。"[19] 在 1967 年的《新工业国》(*The New Industrial State*)一书中,约翰·肯尼斯·加尔布雷斯(John Kenneth Galbraith)认为,美国是一个准仁慈的寡头垄断国家。少数几家大公司——即三大汽车公司和五大钢铁公司——以稳定之名实施经济规划。他们为蓝领工人提供终身就业和稳定的养老金,与大型工会保持着相当好的关系(到 1960 年,约 40% 的工人加入了工会),而且他们一般都是优秀的企业公民。

最引人注目的受益者就是职业经理。二十世纪五六十年代是"公司人"或"机构人"的全盛时期。[20] 他喜欢办公室生活的传统：勤勉的秘书（或办公室里的"妻子"）、让人神清气爽的交谈、欢乐的圣诞节。他在办公室里待的时间比在家里待的时间要长，家很可能就是郊区的一个卧室，距公司一个小时的通勤距离，最后常常抛弃妻子，拥抱秘书。他以升迁至公司高层来衡量自己的人生——更大的办公室、更好的停车位、行政盥洗间的钥匙，以及，更重要的是，公司俱乐部的会员资格。

二十世纪五六十年代，一些作家开始担心"公司人"内在的一致性。1950 年的《孤独的人群》（*The Lonely Crowd*）一书中，大卫·里斯曼（David Riesman）指出，大多数"公司人"属于"外在导向型"而不是"内在导向型"，他们更看重同事的好感，而不是追随他们的内心方向。在《组织人》（*The Organization Man*）一书中，威廉·H. 怀特（William H. Whyte）担心这种强调适应的做法会扼杀企业家精神。（他引述了一位自豪宣称"培训可以使我们的员工适应各种岗位"的 IBM 员工。）1959

年的《身份寻求者》（*The Status Seekers*）一书中，万斯·帕卡德（Vance Packard）揭示了大公司如何设计复杂的身份衡量标准，从办公室的大小到公司汽车的马力，以及"公司人"如何像一些令人沮丧的科学实验中的老鼠一样，花费他们的时间生活在规定的跑道上，纠结于怎么才能按下正确的按钮。

然而，美国"老鼠"们的情绪仍然相当高涨。他们的信条仍在各大城市的主要街区广为人们接受。国内，美国的老板们掌控着政府。鲍勃·麦克纳马拉的"精明小子"们从管理福特公司到管理越南战争都非常轻松。国外，美国公司占领了一个又一个欧洲市场。在1968年一本非常受欢迎的书《美国挑战》（*The American Challenge*）中，让—雅克·塞万—施赖伯（Jean-Jacques Servan-Schreiber）认为，欧洲共同市场（当时已诞生九个年头）基本上是一个美国组织。对于这位勇敢的高卢抵抗战士来说，问题不在于美国的财政实力或技术才华："相反，这是一个相当新的问题，更为严重的是，一个对我们来说仍然神秘的组织将触角伸到了欧洲。"

"神秘"一词可能不太恰当。欧洲各国都决心向美国人学习。到1970年，英国100家最大的工业公司中，超过一半的公司曾就重组求助于麦肯锡公司的顾问；越来越多的公司采用了麦肯锡和其他公司倡导的多部门形式。当然，接受美国方式也有例外，但似乎只是部分例外。日本和德国的企业坚持自身更正式的合作资本主义模式，但也引进了多部门结构的一部分；它们的国内经济由令人放心的大企业主导。

强调管理资本主义至高无上地位的另一个因素是，二十世纪六十年代，取代多部门公司最引人注目的私营企业类型——多元化企业集团——实际上建立在两个略显扭曲的斯隆主义信条之上。海湾西方石油公司（Gulf & Western）和ITT工业集团等大型企业集团可能是自大的新贵，受短期股市上涨驱使，而非长期规划。但是，首先，他们认为规模很重要：这是他们不断进行并购的原因之一。其次，他们是超级管理者；他们相信，他们的管理技能可以掌控貌似互不相关的任何业务类型——在维护"客户终身价值"（LTV）的情况下，无论是肉类包装还是钢铁，或在海湾西方石油公司看来，无论是制糖业还是电影。

二十世纪六十年代企业集团的出现，一部分是由于吞并了其他公司不想要的部门，另一部分是通过敌意收购，通常是利用自己的高评级股票。在这两种情况下，他们都得益于宽松的账户规则和贪婪的投资者帮助（贪婪不仅是为了获得更高的回报，更是为了找到比通用汽车等公司的稳定增长更令人兴奋的事情）。到1973年，美国前200强制造企业中有15家是企业集团。但到那时，盛宴已接近尾声。尽管它们疯狂地买卖，但这些集团未能实现股东们预期的回报。股东们纷纷降低了它们的估值，这反过来又限制了它们接管更多公司的能力。

斯隆主义公司架构很容易在残酷的市场战中幸存下来。但它应该注意到这个警告。职业经理人主导的公司已岌岌可危。

第七章
公司悖论

公元 1975 年—2002 年

1973 年,西尔斯公司(Sears Company)自豪地为全世界最高的建筑揭幕。这一矗立在芝加哥市中心的摩天大楼是极致的典型范例。1 454 英尺高,16 000 扇有色玻璃窗和 80 英里长的电梯缆绳。对西尔斯来说,这栋大楼胜出蒙哥马利·沃德百货公司一筹。大楼也是美国式资本主义自信的宣言。美国公司在世界上名列前茅。为何不让自己以一栋 110 层高楼的形式显摆一下呢?

矛盾的是,此种自信被证明既属合理,也是毫无希望的妄想。在全球私有化和放松管制的刺激下,私营资本主义的胜利完全合理:在接下来的 25 年里,股份制公司大举扩张,同时将许多竞争对手踩在了脚下。昭然若揭的野心表明西尔斯这样的公司会在这个更自由的世界里茁壮成长。到2002年,大公司的基本理念,即一个可以为员工提供终身职业生涯的多部门、等级制机构,已被分解。个别公司日显脆弱,对公司与社会其他部门的关系产生了深远的影响,2002年安然(Enron)丑闻之后,对大公司的许多疑虑和不安渐次浮出水面。

公司万岁

二十世纪七十年代初,人们期望大公司在支持战后共识方面发挥重要作用。作为对经济稳定和社会和平的回报,人们要求大公司照顾其他利益相关者。但这种共识开始变得愈发负担沉重。许多国家的经济状况都很糟糕。工会前所未有地强大:1974年,矿工们推翻了英国的保守党政府。甚至在美国,政府也不断出台令人不安的规定。1971年,理查德·尼克松(Richard Nixon)引入了对工资和物价的控制措施。政府还发起平权行动,并成立了一些最有权力的监管机构,如环境保护局(Environmental Protection Agency)和职业安全与健康管理局

(Occupational Safety and Health Administration)。[1]

英国率先开始放松管制的变革。1979年,撒切尔夫人(Margaret Thatcher)在举国上下对罢工和滞胀问题厌恶万分的情绪中出任首相。私有化的想法过于激进,以至于保守党在1979年的执政宣言中几乎只字未提,政府最初钟情于"公司化",即让上市公司像私人公司那样经营业务。最终,撒切尔和她的导师基思·约瑟夫(Keith Joseph)以不够完善为由拒绝了这一想法,认为这就像试图"在骡子背上画条纹把骡子变成斑马。"[2] "骡子"必须变成私人公司。

1982年和1984年,政府将北海公司(North Sea)石油和天然气业务的股份私有化;不久,英国电信公司(British Telecom)、英国天然气公司(British Gas)、英国航空公司(British Airways)和英国钢铁公司(British Steel)也进行了私有化。甚至供水和电网也移交给了私营公司。到1992年,三分之二的国有企业被推向了私营部门。私有化总是伴随着劳动力的缩减(有时高达40%)和管理层工资的持续增加,两者都引起了公众的不满。保守党对英国铁路公司(British Rail)私有化进行了彻底抨击。但总体而言，新公司改善了所提供的服务。

在1992年引入单一市场的推动下，欧洲各国政府很快纷纷效仿。大众（Volkswagen）、汉莎（Lufthansa）、雷诺（Renault）、艾尔夫·阿奎坦（Elf Aquitaine）和埃尼等备受尊敬的国内冠军企业全部或部分进行了私有化。德国电信公司（Deutsche Telekom）成为欧洲最大的私有化公司。在拉丁美洲和东南亚，政府也出售电信公司和公用事业公司，通常都是卖给了他们的政治支持者。但公司最激进的扩张发生在前共产主义国家。

1992年，叶利钦政府开始了一项庞大的私有化计划。它首先将国有企业"公司化"，将其重新组建为股份公司，由国家持有所有股份。然后，它向每个俄罗斯公民（包括儿童）发放购买股票的凭证。到1996年，大约有18 000家公司被私有化，其中包括超过四分之三的大型工业公司，[3] 甚至比西欧的公司还要多。这远非无条件的成功：许多新公司仍由老的"党政要员"经营管理，数百万人失业。然而，约有4 000万俄罗斯人成为股东，公司得以延续下来。

同时，公司扩大了其传统的范围。即便在华盛顿，人们也在谈论放松管制。吉米·卡特（Jimmy Carter）通过放松对航空业的管制引发了这场变革。接下来是铁路行业和卡车运输行业。美国最大的受监管公司美国电话电报公司于1981年遭到分拆。正如我们所见，大西洋两岸的官僚们比以往任何时候都更愿意间接监督公司的活动，增加其社会责任。但即便在欧盟，他们也致力于使企业更容易设立：布鲁塞尔开始制定欧洲范围内有效的标准化公司指令的工作。

同时，在现有的私营企业中，公开上市的股份制公司也加强了对资本市场的控制。当然，依旧存在很多不同类型的企业。事实上，金融家和税务师合谋发明了新的手段：打开2002年任何一家公司的年报背面，你都会发现一份长长的"单一目的工具"和设立在荷属安的列斯群岛的有限合伙企业名单［假定这些信息足够翔实，然而，在某些例子中（尤其是安然公司），情况根本不是这样］。但这些只是外部防御手段。一般来说，规模越大的企业，就越倾向于采用股份制。在世界各地，几十年来一直坚持伙伴关系结构或共同体的机构——高盛

（Goldman Sachs）、伦敦劳埃德银行（Lloyds of London），以及诸多保险公司、友好协会和农场主银行——都转变成了股份制公司。

为公司"松绑"

西尔斯以为股份公司会在全球取得胜利的想法可谓好坏参半。在西尔斯大厦建成后的十年内，美国最大的零售商一直在为独立作斗争。虽然西尔斯的经理们一直在从事与蒙哥马利·沃德百货公司抗争的祖业，但百货公司的市场正在消失，部分原因来自阿肯色州的沃尔玛（Wal-Mart），一家直到上世纪八十年代之前西尔斯的内部文件对之只字未提的新兴企业。1992年，山姆·沃尔顿（Sam Walton，1940年，西尔斯为刚从密苏里大学毕业的山姆·沃尔顿提供了一份工作）以美国最富有零售商的身份去世。同年，西尔斯净亏损39亿美元。新上任的首席执行官亚瑟·马丁内斯（Arthur Martinez）只有通过大幅削减开支才挽救了公司。2001年，已"瘦身"的西尔斯公司宣布不再涉足百货行业，将专注于服装。至于蒙哥马利·沃德百货公司，则在2000年12月倒闭，裁员37 000万人。

1970年到1990年，美国大公司离开500强的速度增加了四倍。曾经标榜企业永盛不衰的名字，如泛美银行（Pan Am）或巴林银行（Barings Bank），都消失得无影无踪。网景（Netscape）和安然（连续六年被《财富》杂志评为美国最具创新性的公司）这样的新宠横空出世，改变了它们所在的行业，但又以某种方式飞得距离太阳太近，最终坠落地面。

规模庞大远非舒适的源泉，反而成为一种僵化的准则，新信条和企业家精神的反义。1974年，美国100家最大的工业公司占美国国内生产总值（GDP）的35.8%；到1998年，这一数字已降至17.3%。这些公司在美国劳动力和企业资产中所占的份额也大约减少了一半。[4] 大公司确实在增长（到1999年，美国前50强公司的平均收入达到510亿美元）；但它们的增长速度远远慢于小公司，后者为整个发达国家提供了大部分新的就业机会。大公司比以往任何时候更可能倒闭：到2000年，1974年最大的100家工业公司中约有一半因并购或破产而消失。[5]

在这场大风暴中能幸存下来的大公司，完全靠的是血腥的内部变革。二十世纪九十年代的头五年中，IBM这家曾经在大萧条时期拒绝解雇员工的公司，解雇了122 000名员工，约占其员工总数的四分之一。杰克·韦尔奇（Jack Welch）于二十世纪八十年代执掌通用电气公司后，二十年间，公司的"暴行"令人震惊。随后发生了一系列"左派革命"，喊出的口号包括：干到退休（Work Out），六西格玛（Six Sigma），还出现了一个"Destroyyourbusiness.com"的网站，以及各种管理手段（让数千名管理者衡量彼此的"无边界性"，解雇表现不佳的人）。2002年韦尔奇退休时，曾多次被评为全球最受敬仰公司的通用电气公司已转型为一家服务集团。尽管经历了这一痛苦的蜕变，但该公司仍显得脆弱不堪，分析师怀疑韦尔奇的继任者是否能继续将该集团维系在一起。

到世纪之交，至少在一段时间内，突然出现在芬兰一所大学宿舍里的新操作系统——Linux——成了世界首富比尔·盖茨面临的最大挑战，促使他考虑是否应该免费赠送其操作系统,这一切都不足为奇。对于斯隆主义的公司理念来说,这种不确定性意义丰富。它变化太慢,太有条不紊,等级森严,太依赖正在萎缩的规模经济。事实证明,当涉及创新知识时,老的那套做法已成桎梏。

奇思妙想对商界一直很重要。但 1975 年后,随着彼得·德鲁克的知识工作者终于开始体现出自己的分量,这种真理变得更加有效。到 2001 年岁末,通用汽车的账面净资产(如工厂、汽车甚至现金等有形资产)达到 520 亿美元,但其 300 亿美元的市值仅为默克(Merck)的五分之一,这家制药公司的资产负债表价值可达到 70 亿美元,但拥有的知识价值高得多。1999 年,美国最有价值的出口是智力资本:全国获得了 370 亿美元的许可费和版税,而其主要的实物出口产品是飞机,为其获得 290 亿美元。[6]

公司在二十世纪最后二十五年的经历是一个结构不断被拆解的故事。公司逐渐被迫专注于自己的"核心竞争力",罗纳德·科斯要求公司必须比公开市场更有效率地做事,这一要求正受到愈发严峻的考验。

大公司的经理们喜欢宣称,新技术使其在一家公司里把业务整合在一起的效率更高;事实证明,这只在少数情况下正确。大型媒体集团能够通过不同渠道销售相同的"内容"。上世纪八十年代,监控运输业卡车司机的新技术使得托运人直接雇用司机的成本更低,因此运输业的规模变得更大。[7]

然而,很大程度上,世界正朝着相反的方向发展。尽管媒体界高层进行了各种整合,但好莱坞等地的小公司数量成倍增长,其中许多专业人士从行业中攫取了大部分价值。越来越多的人离开大公司自行创业:以英国为例,1980年至1996年间,公司的数量增长了50%。[8]随着大公司被迫重新专注于比其他公司做得更好,价格更便宜,它们发现这样的"核心能力"并不存在于有形的事物上(例如工厂设备),而是存在于无形价值之上:例如,葛兰素威康公司(Glaxo Wellcome)的发现文化,或梅赛德斯-奔驰公司(Mercedes-Benz)的工程传统。

硅谷出现空洞化或许并不奇怪:思科(Cisco)成功地成为美国最大的制造商之一,但同时只直接生产了其所有销售产品的四分之一。同样的事情也发生在老公司。例如,福特位于密歇根州迪尔伯恩的胭脂河工厂(River

Rouge）曾经代表了整合的顶峰，雇佣了 10 万名工人，每天生产 1 200 辆汽车，生产的产品无所不包，包括钢铁。然而，到 2001 年，胭脂河工厂的 3 000 人每天就能生产 800 辆野马（Mustang）汽车，主要是组装供应商送来的零件，而福特公司的老板们正在谈论这家汽车制造商已沦为"汽车品牌所有者"，只负责设计、构造和销售汽车，但实际上并不生产。[9]

围捕"惯犯"

这一切看起来像有点奇怪的倒退。专家网络，不断变化的联盟，不断出现的不祥预感：这些可能对"普拉托商人"来说似曾相识。

三类人在给公司松绑的过程中发挥了主导作用：日本商人、华尔街人士和硅谷来客。这三类人渐次表现出的创新力、毁坏力和（时不时地）腐败堕落，为安然丑闻后的第四个参与者——政府——施加其影响做好了铺垫。

二十世纪五十年代中期，一个年轻的伦敦人如果钟情于在大路上御风而驰，他做梦也不会想到去英国以外的地方买一辆摩托车。有什么能比文森特黑影（Vincent Black Shadow）、凯旋雷鸟（Triumph Thunderbird）或诺顿统治者（Norton Dominator）更有型呢？哈雷—戴维森（Harley-Davidson）也得到了美国人类似的顶礼膜拜。十年后，各地的骑手们都意识到了另一种选择。起初，本田（Honda）、雅马哈（Yamaha）、川崎（Kawasaki）和铃木（Suzuki）引人关注的主要是价格。但这四家日本公司很快就成为该行业的领跑者，他们引进了电子打火、四缸发动机和五速变速器，并每年推出新车型。到1981年，哈雷-戴维森被迫寻求政府保护，而英国摩托车工业则因此彻底消亡。

这个故事似乎具有象征意义。1980年，由于日本汽车的改进，克莱斯勒（Chrysler）损失了17亿美元，不得不接受政府的救助。索尼和松下已经垄断了消费电子产业，日本人在硅谷大行其道。与此同时，日本资本主义只能与日本工人合作的想法即将破灭。二十世纪八十年代，日本人在海外直接投资2 800亿美元，是过去30年的10倍。[10] 即使如此，日本公司在美国的份额低于英国公司，在欧洲的份额更远低于美国公司。[11] 但他们的地位变化是巨大的。他们斩获了一系列企业"战利品",包括凡士通(Firestone)、哥伦比亚电影公司(Columbia Pictures)、洛克菲勒中心(Rockefeller Center),以及两片世界上数一数二的高尔夫球场——坦伯利球场(Turnberry)和圆石滩球场(Pebble Beach)。

1992年,《冉冉升起的太阳旗》(*Rising Sun*)荣登畅销书排行榜榜首。该书作者迈克尔·克莱顿(Michael Crichton)描绘了一幅令人生畏的画面,一群商业鬼才,背后由一个高深莫测的政府支持,巧妙地超越了他们天真的美国同行。这一认识并不仅仅出现在廉价小说中。二十世纪九十年代初,美国书店的商业书架充斥着歌颂日本资本主义的各类书籍。在欧洲,日本公司势不可挡的神话巧妙地取代了二十世纪六十年代美国公司所向披靡的神话。日本汽车制造商重塑了一度饱受诟病的英国汽车业——据称工作腼腆消极的"高地人"(Geordies)改头换面,成为产能强劲的典范——造就了"剑指欧洲大陆的离岸航母"(一位法国汽车业老总的不恰当比喻)。

当然,克莱顿错了。在《冉冉升起的太阳旗》一书出版后的八年里，日经指数下跌约三分之二，而那些遭受重创的美国高科技人士则使纳斯达克指数上涨了五倍。事实证明，日本公司的模式存在问题。但是，它仍然成功地改变了世界各地的商业版图，并不仅仅因为它是一种可以取代西方模式的有凝聚力的选择方案。[12]

日本模式的核心是丰田公司（Toyota）的精益生产体系。战后，丰田公司的老板们参观了美国的工厂，对他们所看到的巨额浪费困惑不解。他们不仅求助于彼得·德鲁克，也求助于威廉·爱德华兹·戴明（W. Edwards Deming），后者致力于提高质量。（戴明在美国几乎不为人所知；从1950年开始，日本每年都会隆重颁发"戴明卓越制造奖"。）丰田公司将研发、采购、制造的所有不同环节视为一个无缝的过程，而不是一系列独立的部门。它汇集了几个重要的理念，如全面质量管理（让每一位员工都对产品质量负责）、持续改进（让员工提出改进建议）和掐点制造（确保只有在需要时零件才会到达工厂）。工人们加入了自治团队，与供应商的联系也大大增强。

这些想法令美国经理们震惊不已。在斯隆主义体系下，"质量控制"是一个部门。允许某个工人让整条生产线停下来的想法似乎不可思议。事实上，许多美国公司一开始没有抓住要点，认为日本的成功只是建立在技术基础上。例如，通用汽车公司花了数十亿美元研发机器人，不顾一切地试图赶上丰田公司。但渐渐地，他们开始向日本人学习。1987年，美国推出了类似日本戴明奖的"鲍德里奇奖"。美国的高科技产业发现，只要他们接受日本的制造方法，他们就可以在创新和设计方面与之展开竞争。哈雷-戴维森利用其在政府保护下的这段时间，改变了工作方式，并对设备进行了升级。到二十世纪九十年代初，它又回到了与日本同行并驾齐驱的水平。

日本模式的另一部分可被称为"长期主义"。日本公司坚信应对所有员工实行终身雇佣制（而西方竞争对手倾向于为白领保留这种制度）。日本的管理层往往通过达成共识实施管理，而这又是杰克·韦尔奇认为难以想象的事情。日本公司以家族或经连会运营，重塑了当年麦克阿瑟将军分拆的财阀，而美国公司则在独立的部门中运营。西方公司倾向于对短期投资者负责，日本公司的扩张资金则来自其关联企业的银行。至于利润，日本公司认为不如市场份额重要。日本公司能接受非常低的投资回报。他们得到了日本政府的坚定支持，日本政府保护了一些较弱的产业，也对公司治理问题和反垄断问题视而不见。

二十世纪八十年代末，这种"长期"的利益相关者资本主义对股东资本主义构成了真正的挑战，尤其是因为批评者还可能指出其他明显的成功之处。韩国的财阀曾广泛复制日本的经连会制度，被视为下一个威胁。德国公司在一些高端行业（尤其是豪华车）的表现优于英美同行。人们认为，他们也受到两级董事会制度的保护，免受短期资本主义的干扰；他们通过协商一致和工人委员会而不是通过罢工和裁员来进行管理；他们得到了政府的支持，而不是自生自灭。

上世纪九十年代，钦佩让位给了怀疑。日本出现的滞胀有几个原因，不仅是宏观经济管理不善，利益相关者的理想也是其中之一。共识管理常常成为瘫痪的借口；终身聘用不仅证明是不可能维持的，而且也是年轻人才获得提升的一个巨大障碍。聪明的日本年轻一代金融人才和商业精英纷纷出走西方公司，后者给予了他们更多的权限，更不用说物质回报了。与独立企业相比，经连会倾向于过度生产和过度投资。即使在1971年至1982年的繁荣时期，它们的资产回报率也极为低落。[13]二十世纪九十年代，它们经历了一场又一场的灾难。

对于被亚洲货币危机拖累以及深陷裙带资本主义困局的财阀，还有被利益相关者资本主义带来的高劳动力成本束缚的德国企业来说，二十世纪九十年代都是抬不起头的十年。"短期"股东压力的相对缺乏证明了一个相比较而言的缺陷，这更是因为盎格鲁-撒克逊公司（特别是美国公司）刚刚开始从纯粹的投资者压力中获益。

野蛮人和养老基金

管理资本主义的全盛时期，"股东激进主义"仅限于一些极端的案例，以至于这个词对他们没有任何意义。比如1955年，伦敦金融城的机构揭露了一系列伯纳德·多克爵士（Sir Bernard Docker）生活奢靡的丑闻（包括多克夫人经常使用定制版镀金戴姆勒豪车），随后，他被BSA/戴姆勒公司（Daimler）赶了出来。对不满的股东而言，唯一的现实选择就是进行"华尔街洗牌"，出售股票，投向别处。

这种平稳的状态仰赖于股东们既分散又顺从。但在接下来的二十五年里，大型投资机构的实力不断增强：到1980年，它们拥有华尔街三分之一的股份；到2000年，这一数字超过了60%。养老基金的增长尤为迅速，市场份额从1950年的0.8%增长到二十世纪末的30%以上。这意味着大权移交给了像"加州公共雇员养老基金"（Calpers）这样的巨型组织。（在1984年的一场石油战期间，加州的财长把他在新泽西州和纽约州的同僚召集到一个酒店房间里密谋："伙计们，就在这个房间里，我们控制着飞利普的命运。我们所要做的是把票投给代理人。"）[14]

这不仅仅是一个数字问题，而是一个地位问题。在这里，共同基金也增长迅猛（从1950年占市场的2%增长到1994年的12%），政府推出的各种储蓄计划同样至关重要，如英国的ISAs和PEPs以及美国的401k计划，因为它们迫使储户开始考量投资经理及其往季业绩数据。基金经理从难登大雅之堂者变成了魅力十足的人士，他们戴着眼镜的脸透过杂志封面像猫头鹰般凝视着大众，他们巧舌如簧,在商业电视频道上圈粉无数。彼得·林奇(Peter Lynch)将富达麦哲伦基金(Fidelity's Magellan Fund)打造成了市场上规模最大的基金,他的知名度超过了他所支持(以及时不时被"雪藏")的大公司经理们。

基金经理往往迅速抛售股票以提高季度收益,这一习惯促使纽约证交所的成交量一路飙升,从1962年的9.62亿股,到1985年的275亿股,再到2000年的2 620亿股。但他们也更有可能干预自己拥有的公司。对于像Calpers这样的大型机构来说,抛售其在通用汽车持有的720万股股票并不容易;当通用汽车在二十世纪九十年代初开始亏损数十亿美元时,Calpers呼吁抛售这些股票。1992年,通用汽车董事会罢免了行动迟缓的首席执行官罗伯特·斯坦普尔(Robert Stempel,这是七十年前皮埃尔·杜邦罢免杜兰特后的第一次此类"政变")。不久,斯坦普尔在IBM、西屋电气(Westinghouse)、美国运通(American Express)和柯达(Kodak)的同僚,纷纷成为跟他同命相怜的人。

与此同时,随着市场放松管制,交易室里出现了电脑，投资世界变得无限复杂。二十世纪六十年代伦敦离岸"欧洲市场"的发展促使纽约采纳了更灵活的交易规则，这又促进了其他地方更灵活规则的出台。到二十世纪八十年代初，西方世界已经形成了一个完整的外汇市场，至少对大公司来说，这是一个全球债券市场。很快，数学家们就想出了更巧妙的手段：股票互换、期权及其他金融衍生品。第一批对冲基金出现了，而诸如"表外负债"这样的术语获得了新的含义。

然而，令管理层最为担忧的华尔街人士是企业掠夺者，特别是由于他们专注于利用债务来分拆公司。其中的先驱之一是汉森信托公司（Hanson Trust），这家英国巨头在美国完成了一半的交易。该公司于1964年由两位来自约克郡的金融投机家詹姆斯·汉森（James Hanson）和戈登·怀特（Gordon White）创建，二十世纪七十年代，它通过接管一系列不起眼但现金充裕的企业（如砖厂和烟草公司）而崭露头角。一旦收购完成，汉森公司即通过出售资产（通常是如今作为摆设的总部）迅速偿还部分债务，然后着手削减管理层。从理论上讲，任何收购的业务几乎都是为了立即出手。汉森公司像极了一个古董商，购买稍显肮脏的资产，将其抛光，然后放回商店橱窗供人选购。

其他大多数"突袭"者也有一种虚张声势的感觉。皮肯斯（T. Boone Pickens）是一个民间石油商人，他发现通过收购石油公司未果可以发财。拜股价上涨所赐，他仅对海湾石油公司一次"突袭"就赚取了5亿美元。喜欢耸人听闻地谈论"企业福利国家"如何扼杀美国经济的前股市交易员卡尔·伊坎（Carl Icahn）买下了环球航空（TWA）。最吸引人的是詹姆斯·戈德史密斯爵士（Sir James Goldsmith）。1986年，他在一家名为钻石国际（Diamond International）的木材公司资产剥离中大赚数亿美元后，收购了固特异轮胎公司（Goodyear）11.5%的股份。固特异公司的老家俄亥俄州阿克伦市对此反应激烈。随后举行的国会听证会上，戈德史密斯对根深蒂固的管理层腐败予以抗击，获得了广泛支持，但他最终退却，出售了自己的股份，赚取了9 300万美元的利润。

二十世纪八十年代的收购热潮，其标志性事件发生在1988年。RJR—纳比斯科公司（RJR Nabisco）是1985年由雷诺兹烟草公司（Reynolds）和纳比斯科品牌联姻产生。但股市对这次合并不感兴趣,该公司花钱无度的首席执行官罗斯·约翰逊(Ross Johnson)开始与华尔街讨论将公司私有化的问题。他选择了美国运通旗下的希尔森·雷曼公司(Shearson Lehman)为他提供建议;但经过一场激烈斗争,这家公司最终以250亿美元的价格被科尔伯格·克拉维斯·罗伯茨集团(Kohlberg Kravis Roberts,下文简称KKR)收购,后者曾被约翰逊愚蠢地回绝。约翰逊得到了5 300万美元的报酬;在随后的整合过程中,他以前的数千名工人失去了工作。

KKR是一种新的组织形式,一种杠杆收购合伙企业,它创造了一系列投资基金。KKR成立于1976年,由三位来自贝尔斯登(Bear Stearns)的银行家组成,已经接管了贝萃斯食品公司(Beatrice Foods,以87亿美元收购)和西夫韦公司(Safeway,以48亿美元收购)以及一系列规模较小的公司。各家公司架构各不相同,但是KKR的基金在RJR的并购案例中投入的股本相对较少,仅为15亿美元。按照与汉森公司相同的手法,它随后还清了债务,实现了让股东坐拥巨额利润的想法。

本质上讲,杠杆收购试图让管理者像所有者一样思考。1989年,哈佛商学院的迈克尔·詹森(Michael Jensen)声称,这类私人公司预示着"上市公司的衰落",因为它们以更清晰的方式解决了所有者和管理者之间的冲突。他将债务视为比股权更为苛刻的公司融资方式:"股权是软的,债务是硬的。股权代表宽容,而债务必须偿还。股权是柔软的枕头,债务是尖锐的利剑。"[15]

事实上,杠杆收购的成功率在很大程度上取决于支付的价格。主要的赢家通常是原始股东,他们以巨额溢价出售经营不善的公司。KKR为西夫韦公司支付的价格比三个月前的市值高出82%。收购并不受工会欢迎,因为工会把它们与大量裁员联系在一起。这是不公平的:1977年至1989年间被KKR收购的17家公司增加了31万人的就业(同时在研发上也投入了更多的钱)。[16] 但这一过程也可能极其野蛮。例如,西夫韦公司的座右铭一直是"西夫韦给你带来保障",但遭收购后,63 000人失业。[17]

反过来,杠杆收购也依赖于华尔街的另一项发明:"垃圾债券"。华尔街一直在对陷入困境的公司进行债券交易。迈克尔·米尔肯(Michael Milken)的天才之处在于为这个"非投资级"市场专门发行债券,向规模太小或风险太大而无法发行普通债券的企业开放市场。二十世纪七十年代,米尔肯首次开始推动他的"高收益"债券;到八十年代,他的公司德雷克塞尔·伯纳姆·兰伯特(Drexel Burnham Lambert)主导了垃圾债券市场,他在洛杉矶举办的年度"猎捕者聚会"(Predators Ball)也成了企业家和政客们必定参加的保留节目。1982年,里根总统允许银行(尤其是储蓄和贷款机构)购买公司债券,米尔肯的业务才稍稍放缓。1975年至1986年间,全美共发行了约715亿美元的垃圾债券,平均收益率为13.6%。

在某些方面,并购热潮也曾以灾难收场。垃圾债券名副其实:1978年到1983年间发行的债券中,到1988年,约五分之一违约。[18] 许多省吃俭用购买垃圾债券的投资人因此破产,德雷克塞尔·伯纳姆·兰伯特公司也于1990年2月破产。米尔肯被指控犯有近100项敲诈勒索罪,最终入狱。在英国,汉森公司的野心在一次针对ICI集团的失败之后遭到重创,两位创始人在1996年解散了公司。戈德史密斯结束了其反全球化的职业生涯。华尔街人士贪得无厌的嘴脸，在《虚荣的篝火》（*The Bonfire of the Vanities*，1987年）、《说谎者的扑克牌》（*Liars Poker*，1989年）和《门口的野蛮人》（1991年）等书中遭到了无情嘲讽。

到二十世纪末，股东们显然未能像许多人希望的那样约束管理层的权力。近90%的美国大公司在特拉华州注册成立，特拉华州的法律更倾向于经理人而非股东。通过过度使用股票期权，让管理者的表现更像所有者的尝试被扭曲成了老板们快速致富的计划。到二十世纪九十年代末，大公司的首席执行官平均年薪高达1 240万美元，是1990年的六倍。[19] 几年后，安然丑闻揭露了管理层滥用职权的程度，其规模之大令二十世纪五十年代那些沉稳的"公司人"完全无法想象。在欧洲大陆和日本，敌意收购则少得多，而且公司的管理人员由于与银行的密切关系，也受到更好的保护。

不过，这些条件不应掩盖二十世纪八十年代的并购热潮对企业的影响。例如，杠杆收购并没有消失：事实上，杠杆收购已经蔓延到欧洲，并最终波及日本。杠杆收购基金所需的许多管理技术得以广泛传播，如通过在其业务中持有股份来激励管理者。至于收购，在这个世界对 RJR—纳比斯科交易的规模感到难以置信的十年后，有三次收购的金额超过了当时的两倍：葛兰素威康公司以 760 亿美元收购史克·比查姆公司（SmithKline Beecham）、辉瑞公司以 850 亿美元收购华纳·兰伯特公司（Warner Lambert），以及埃克森石油公司以 770 亿美元收购美孚石油公司。2000 年，英国移动电话公司沃达丰（Vodafone）在一次敌意收购中赢得曼内斯曼公司（Mannesmann）的控制权，此举震惊了德国企业界。投资经理们的权力持续增长。到 2002 年，富达（Fidelity）、瑞士联合银行（Union Bank of Switzerland）和安联（Allianz）三家集团分别控制了约 10 000 亿美元的资产。

正如安然丑闻所揭示，投资者们远非无所不能。然而，随着"野蛮人"（恶意收购者）和养老基金的到来，公司经理不断被一句格言提醒："资金四处游走，但会待在有良好待遇的地方。"公司不得不对自己的经营范围予以深刻反思。除了少数例外，投资者们希望公司术业有专攻，多样化是他们自己就可以做的事情。他们对处罚官僚主义毫不留情。这一时期的主要企业英雄都来自一个被灵活的小型公司纷纷夸赞的地方——圣何塞和旧金山之间那片曾经被称为心灵愉悦之地的狭长谷地——这绝非巧合。

硅谷

1996年,随着互联网革命步伐的加快,约翰·佩里·巴洛(John Perry Barlow)这位"感恩至死"乐队(Grateful Dead)的词曲作者兼网络高手,发出了以下警告:"工业世界的政府,你们这些锈蚀的钢铁巨人,我来自心灵的新家园——网络空间。你们这些属于过去的人们不要管我们。我们也不欢迎你。"硅谷对夸张的嗜好让人恼火。尽管如此,硅谷开创的商业理念,再加上它发明的技术,进一步为公司解除了束缚。

硅谷的故事实际上可以追溯到1938年,当时大卫·帕卡德(David Packard)和斯坦福大学工程系的同学比尔·休利特(Bill Hewlett)在帕洛阿尔托的一个车库里成立了惠普公司(Hewlett-Packard)。二十世纪五十年代,惠普公司和其他几家受到斯坦福大学启发的公司一起搬进了这所大学的新工业园。在接下来的二十年里，在政府的大力帮助下，这一小企业集群缓慢发展。据一项统计，1958年至1974年间，五角大楼支付了价值十亿美元的半导体研发费用。帕卡德在尼克松的首届内阁中出任国防部副部长。

二十世纪七十年代，这片谷地开始获得自己的身份。"硅谷"这个名字是1971年由一位当地的科技记者发明，旨在反映当地存储器芯片制造业的成功。与此同时，这片谷地也开始被那些抗议越南战争的人们"接手"（而不是对其进行管理运营）。1976年，史蒂夫·乔布斯（Steve Jobs）和史蒂夫·沃兹尼亚克（Steve Wozniak）在乔布斯家的车库里拼装了第一台苹果电脑。但二十世纪七十年代的繁荣被日本人叫停。1980年3月28日，"黑色的一天"，惠普的经理理查德·安德森（Richard Anderson）再次证实，测试显示，日本生产的内存芯片已超过硅谷。丢脸的是，硅谷向美国政府寻求保护，但这也使其成功转型，将制造外包，并从芯片制造转向软件开发。

这一转变正凸显了硅谷与众不同之处。[20] 美国的另一个高科技中心——波士顿的 128 号公路——同样积聚了众多风险投资和大学。然而，当这两个集群在二十世纪八十年代中期遭遇困境时，硅谷的恢复力要强得多。原因在于结构。东海岸的大公司（如数字设备公司和通用数据公司）均为独立"王国"，专注于某一种产品，即微型计算机。硅谷的小公司网络则能不断催生新的公司。

基于大致同样的原因，互联网企业在北加州找到了一个天然的"家"。二十世纪九十年代末，硅谷的年轻公司上市数量空前。仅 2000 年，注入该地区的风险资本即高达约 200 亿美元。当时，互联网泡沫已经开始破灭。即便如此（以及硅谷的其他所有缺点，如高房价、糟糕的交通和一如既往的丑陋），该地区仍然被视为世界上最具活力的产业集群。到 2001 年，硅谷为 135 万人提供了就业机会，大约是 1975 年的三倍，其生产力和收入水平大约是全国平均水平的两倍，美国每十二项新专利中就有一项诞生于此。[21]

硅谷在两个方面改变了公司。首先是通过其生产的产品。硅谷产品的核心几乎都贯彻了小型化的原则。二十世纪最后三十年里，计算处理能力的成本下降了

99.99%（每年以35%的速度下降）。[22] 计算机将越来越多的权力从公司的层级结构下推到局域网、桌面，并愈发明显地推到了传统办公室之外。同时，互联网降低了交易成本。到二十世纪末，通用电气和思科正迫使其供应商在网上拍卖中进行业务竞标；而 eBay 作为主要的独立网上竞拍平台，在全球拥有 4 200 万用户。2001 年的最后三个月里，eBay 用户上架了 1.26 亿件商品，交易额高达 27 亿美元。之前，这些交易如果在线下进行，将涉及数千个中介机构。

硅谷改变公司的另一种方式是开创了另一种企业形态。一些公司，如惠普和英特尔（Intel）延续了几十年，但硅谷集中体现了一种"创新性毁灭"的想法。硅谷不同寻常的增长来自"瞪羚"公司，即过去的四年中，销售额每年至少增长 20% 的公司。它也容忍失败，甚至以一种不寻常的程度包容背叛。许多人会认为，硅谷并非真正诞生于 1938 年，而应该是 1957 年，当时所谓的"八个叛徒"走出肖克利实验室（Shockley Laboratories），成立费尔柴尔德半导体公司（Fairchild Semiconductor），而费尔柴尔德半导体公司又催生了英特尔和另外 36 家公司。实际上,硅谷的每一家大公司都是从另一家分拆出来的。

始自最初,硅谷就是一个领带可打可不打,但名字却重要无比的地方。1956年,就是《组织人》一书出版的同一年,威廉·肖克利(William Shockley)带着所有同事到帕洛阿尔托共进早餐,庆祝他因发明晶体管而获得诺贝尔奖:一张照片显示,他们中只有两人戴着领带,没有人穿西装。[23] 举贤重才至关重要,年轻人仅凭能力便可获得重用,硅谷对移民的开放程度也非同寻常。2001年,三分之一的居民生于外国。

到二十世纪末,整个商业被逐渐"硅谷化"。各地大公司的等级制度变得更加松散。万宝盛华公司(Manpower)这家职场中介机构取代通用汽车公司成为美国最大的雇主。大多数经济体依靠"瞪羚"公司创造就业机会(据某些统计,它们提供了二十世纪九十年代中期新增就业机会的四分之三)。世界各地的公司都发现了联盟、伙伴关系、合资企业和连锁经营的好处。据估计,1997年美国最大的1000家公司中,大约五分之一的收入来自这样或那样的联盟。阿尔弗雷德·斯隆严格定义的公司边界愈发模糊，或者用当时流行的话来说，变得"虚拟"。

随着先前环绕公司的严格"界线"开始模糊，一些老旧的商业理念显得极为现代。迈克尔·波特（Michael Porter）等商业专家指向了隐藏在德国工程公司行会式网络中的竞争优势。东亚这片商业地图上最令人兴奋的区域，被海外中国公司编织的"竹网"占据。现在，各国政府不再试图建立国有企业，而是致力于在法国南部、马来西亚和中国台湾等地培育自己的创业公司集群。

不受约束、扁平化和无边界

把公司在二十世纪最后二十五年发生的一切都归于硅谷、华尔街和日本人，未免过于简单化了。但这三股力量却为不断增加的不确定性奏响了不和谐的背景音乐。

没有什么比管理理论产业的崛起更能代表信心的丧失了。随着公司纷纷将眼前的一切外包出去，许多公司甚至将自己的想法外包给越来越多的"巫医"。到2000年，麦肯锡拥有4 000名顾问，是1975年的10倍。其他公司（尤其是IT公司和会计师事务所）也纷纷开设了咨询业务。安达信会计师事务所（Arthur Andersen）的会计师们对他们那些安达信咨询公司（Andersen Consulting）的同事收取的巨额咨询费用极为嫉妒，以至于他们试图也进入这一业务领域，此举导致了公司史上代价最高昂的"离婚案"之一。这是一个"重构商业流程"等时髦术语以令人目眩的速度在世界各地飞速传播的时代，也是一个商界人士争相购买书籍的时代，这些书籍从英国橄榄球队队长、《星际迷航》和作为"首席执行官"的耶稣身上提炼管理智慧。

经历过这一切的公司与社会的关系再次发生了变化。到二十世纪九十年代，公司已经开始将总部迁出市中心。他们宁愿退到郊区低矮的商业园区，不再向世界展示它们的实力。"底线思维"正促使公司放弃老板认为不必要的支出，即便这意味着放弃其应承担的传统公民责任。

费城曾经在掠夺大亨"横行"的时代风生水起，此时却遭到了打击。几十年来，斯科特纸业（Scott Paper）一直积极支持费城市民的公共设施。但 1993 年，该公司出现了亏损，1994 年，公司请来阿尔·邓拉普（Al Dunlap），以提高其低迷的业绩。号称"链锯阿尔"的邓拉普将公司总部迁到佛罗里达，解雇了数千名工人，背弃了向费城艺术博物馆赞助 25 万美元中最后 5 万美元的承诺，并最终将企业出售给金伯利·克拉克公司（Kimberly-Clark）。[24] 当地市民生活的另一个重要参与者德雷克塞尔公司被联邦检察官强制停业，后来成为德雷克塞尔·伯纳姆·兰伯特公司的一部分。史克公司（Smith Kline）与英国必成公司（Beecham）合并。[25] 同时，费城许多新公司更偏好 202 号公路沿线不引人注目的所在，而不是市中心昂贵的便利设施。

对"公司人"来说，这段时期尤为残酷。他们所秉持的基本价值观都受到了冲击——忠诚、随机应变和抛头露面的意愿。商界的新晋英雄是从不打领带的企业家，而非一身灰色法兰绒西装的人。女性们也参与了竞争，而不仅仅满足于提供秘书服务。杰克·韦尔奇抱怨道，终身雇佣制产生了一种"家长制的、封建的、模糊不清的忠诚感"，迫使他的员工相互竞争，以保住自己的"饭碗"。[26] 在 IBM 公司所在地——如恩迪科特和艾蒙克——IBM 员工失去的不仅仅是工作；他们还会失去进入 IBM 乡村俱乐部等机构的机会，而公司一直通过这些机构来善待员工。

这种破坏也可能被夸大了。雷蒙德等一些公司所在地在这一时期蓬勃发展。在特拉华州，杜邦公司或许已显衰势（其劳动力从 25 000 人削减到了 9 000 人），但其在当地社会中的角色在一定程度上由 MBNA 公司承继，MBNA 是一家高端信用卡公司，到 2002 年，该公司在该州雇佣了 10 500 人。[27] 与其说"公司人"死亡，不如说是加入了证人保护计划。成功的公司通常拥有强大的企业文化，没有忠诚的核心员工是不可能保持这种文化的。在韦尔奇的领导下，通用电气可能不相信终身雇佣制，但无论走到哪里，通用电气一定会雇佣一个与众不同的"标志性"人员（一般来说，此人是一个有竞争力的男性，对体育有着浓厚的兴趣，通常来自二流大学）。雷蒙德（微软总部）的"微软人"可能不像 IBM 公司的员工那样穿着蓝色西装，但他们仍然坚信自己具有强大的团队意识。

至于备受争议的职业死亡，累计统计数字表明，二十世纪九十年代的工人换工作频率仅略高于二十世纪七十年代。[28] 最大的新鲜事是妇女临时工作的急剧增加。除了英国存在可能的例外情况（英国几乎四分之一的劳动力从事兼职),很难证明工作机会正在消失;更难证明工人们希望工作消失。[29] 最大的变化来自心理:即使人们继续在公司工作,过去对就业和职位的确定性认知显然已经不复存在了。人们谈论的是就业能力而非终身就业。职业道路成为一条更为复杂的路径;每个人的工作时间都有增加。社会学家理查德·桑内特(Richard Sennett)便在1998年的《性格的侵蚀》(*The Corrosion of Character*)一书中表达了担忧:那些表现出色者的焦虑也在日渐增长。

管制资本主义

这些变化开始对公司与政府的关系提出质疑。到2002年,社会对企业界的态度似乎形成两个面向。一方面,政府已放手让公司自由发展,放松了市场管制,降低了贸易壁垒,对国有企业进行了私有化改造。另一方面,政界人士和施加压力的各方利益集团正在寻找将公司转变为社会目的的方法。

无论如何,许多政府都不情愿地放弃了权力。例如,法国对私有化过程精心操纵,以便尽可能多地保留国家规划，向友好的战略投资者出售股份。他们根本没想过在2000年实行每周35小时工作制。整个二十世纪九十年代，欧洲各国政府，无论是单个国家还是通过欧盟，都以共同利益的名义大大增加了商业活动中的繁文缛节。消费者必须受到保护，产品必须达到安全标准，产品（最有名的是香蕉）必须进行严格定义。根据英国政府自己的监管影响评估，仅因欧洲的工作时间指令（每周设定最长48小时），到2001年每年花费的费用就超过20亿英镑。[30]依据这一数据，托尼·布莱尔（Tony Blair）领导的工党政府在执政的头五年就增加了150亿英镑的监管成本。

美国政府还通过制定有关健康、安全、环境、员工和消费者权利的法律以及实施平权行动加强对公司的控制。结果往往不仅仅导致文山会海，还引发了更多的法律诉讼。由总统乔治·布什（George Bush）签署的《1991年民权法案》（The 1991 Civil Rights Act）给企业带来了巨大的监管负担。美国还通过增加律师费和允许"精神伤害"索赔而创造了一个诉讼"富矿"。美国的经理人为了正常履行其最基本的职能之一——招聘和解雇——不得不比以往任何时候受到更多的限制。他们不能打听申请人的家庭或健康等问题。比尔·克林顿（Bill Clinton）是一位更热衷于微观管理的总统。据美国管理和预算办公室（Office of Management and Budget）的数据显示，到二十世纪末，美国企业每年为满足这些社会规范付出的成本为2 890亿美元，据其他专家估计，这一数字仅为实际金额的三分之一。[31] 而且还存在其他"成本"——尤其是公司投入政治游说（包括在华盛顿特区和各州首府）的时间越来越长，以便扭转这一纷繁复杂的规则，使之对己有利。

与此同时，英美两国政府都开始回避"盎格鲁-撒克逊式"股东资本主义的一个信条：即公司应该为股东经营的理念。二十世纪八十年代，美国五十个州中约有一半的州出台了法律，允许管理者在考虑股东利益时，应该一并考虑其他利益相关者。康涅狄格州甚至出台了一项法律，要求他们必须这样做。在英国，1985年的《公司法》采取了同样的做法，迫使董事们既要考虑股东利益，也要考虑雇员利益。

如果说监管资本主义的动力来自社会，那么还存在一个公司治理的原因。由于担心放松监管所释放出的投机精神，以及一些公司高管的过度贪婪行为，政府偶尔会试图要求公司老板在某些情况下更坚定地承担责任。某些情况下，监管者会"刺破公司的面纱"，要求公司董事个人对公司行为担责。例如，在英国，1986年的《破产法》（Insolvency Act）规定，公司董事应该对在他们能合理预判公司或许会关闭的情况下所产生的债务承担责任。但真正的冲击发生在新经济泡沫破裂后的美国。

后安然时代

二十世纪九十年代是对公司痴狂的十年。尽管商业杂志封面上绽放微笑的首席执行官年龄直线下降，商业杂志的数量却成倍增长。但这种崇拜并不仅限于针对妄自尊大的年轻人。当可口可乐的资深总裁罗伯托·戈伊祖埃塔（Roberto Goizueta）试图在股东大会上为自己8 000万美元的薪酬辩护时，他四次被掌声打断。因此，不难理解，2001年1月，新政府试图利用盛行的重商情绪，将乔治·W.布什介绍为美国第一任工商管理硕士

（MBA）出身的总统；同样不足为奇的是，他将一大批公司首席执行官任命为内阁成员；更加合情合理的是，他推行了一项不顾脸面的重商政策，允许公司帮助制定一项新的国家能源政策，并暗示要废除前任总统比尔·克林顿颁布的一些社会法规。

一年半后，一切都变了。到2002年夏天，布什签署了《萨班斯—奥克斯利法案》，这可以说是自二十世纪三十年代以来最严格的一项公司法律。与此同时，许多曾经荣登商业杂志封面的老板现在都面临刑事指控。美国人民愤怒了：70%的人说他们不相信经纪人或公司告诉他们的话，60%的人说公司的不当行为是"一个广泛存在的问题"。[32]甚至连那些没有被发现做错任何事情的老板，如高盛的汉克·保尔森（Hank Paulson）和英特尔的安迪·格罗夫（Andy Grove），都觉得有义务就美国资本主义令人遗憾的状况向公众道歉。[33]同时，在欧洲大陆，两位自称为美国信徒的老板——德国贝塔斯曼的托马斯·米德尔霍夫（Thomas Middelhoff）和法国威旺迪的让—玛丽·梅西耶（Jean-Marie Messier）——都被解雇了。

这场变革的催化剂是美国股市泡沫的破灭。从2000

年3月到2002年7月，70 000亿美元的财富烟消云散，相当于美国人拥有的金融资产的四分之一（以及他们总财富的八分之一）。共同基金的普及以及从固定收益到固定缴款退休计划的转变意味着这是一场真正的民主崩溃：美国大多数家庭的财富直接缩水。

颇为讽刺的是，具体的催化剂，主角是布什为设计其能源政策而求助的公司之一。安然公司是二十世纪九十年代的宠儿，这是一家新兴能源公司，它不依赖于钻井和加油站，而是仰仗金融交易员团队。哈佛商学院的一项案例研究被赞许地命名为"安然的转型：从天然气管道到新经济引擎"。

不幸的是，这家能源贸易公司的"创新"步伐迈得过大了。公司的管理者使用高度复杂的金融手段（如盘根错节的合伙关系、帐外债务和奇特的对冲技术）来隐藏巨额亏损。当这些亏损出现时，他们卖出了数百万股公司股票，而他们的员工却被禁止这样做。所有受聘代表股东以监督安然的各路监管者——外部董事、审计师、监管者和股票经纪分析师——都被认为未尽职责。尽管公司已历经了400年的发展，但不幸的股东们并没有得到比

1582年派遣爱德华·芬顿前往东印度群岛的伦敦商人们更好的保护和更多的信息，结果只看到他前往圣赫勒拿，希望自立为王。

安然的倒闭导致了安达信会计师事务所的破产，安达信是一家为安然公司提供财务服务的大型会计师事务所（同时也通过提供咨询赚得盆满钵溢）。政府指控安达信通过故意销毁安然的文件，妨碍司法公正。不久之后，世通公司紧随其后。据报道，这家电信巨头在2001年1月开始的五个季度里夸大了一项重要的盈利指标，数额超过38亿美元，这是公司历史上最彻底（也是最粗糙）的财务欺诈行为之一。与此同时，世通的老板伯纳德·埃伯斯（Bernard Ebbers）显然把该公司当成了一个小猪存钱罐，在合适的时候可以借到数亿美元。世通公司的股票在1999年达到了64.50美元的峰值，最终以每股83美分退市，使投资者损失了约1 750亿美元，几乎是安然公司破产所致损失的三倍。

接踵而至的是一连串丑闻：施乐和美国在线-时代华纳（AOL Time Warner）不得不修改他们的账目；位居全球最大规模消防安防专业公司之列的泰科公司（Tyco），

其前老板在短短三年内净赚三亿美元，被控通过买卖画作偷逃100万美元销售税。英克隆公司（ImClone）老板被控从事内幕交易；阿德菲亚传播公司（Adelphia）创始人被控欺诈投资者。（当一项调查显示，82%的首席执行官承认在高尔夫球场作弊时，没有人会感到特别惊讶。）[34] 与此同时，当投资者发现华尔街分析师在用奥威尔式暗语误导他们时，他们会大发雷霆：建议"买入"实际意味着"持有"，而建议"持有"则意味着"赶紧抛售"。

哪里出了问题？有两种解释。布什政府最初支持的第一个，可被称为"坏果"派：丑闻是个人贪婪的产物，与有缺陷的制度无关。破产和逮捕已经足够了：阿德菲亚的创始人约翰·里格斯（John Rigas）被迫做了一次"游街"，戴上手铐，在镜头前示众。

相比之下，那些"烂根"派的人则认为问题严重的多。他们认为，二十世纪九十年代，适当的制衡机制出现了戏剧性的削弱。外部董事与他们本应监管的公司之间存在可疑的财务关系，从而使自己处于不利地位。太多的政府监管人员是从他们本应负责监管的行业中招募而来。最重要的是，审计师们开始把自己看成公司顾问而不是股东们的记分员。简言之,代理问题,即如何使经营公司者的利益与拥有公司者的利益保持一致,再度浮现出来。

首先,这样做似乎不会发生什么事。早在2002年6月,参议院银行、住房和城市事务委员会主席保罗·萨班斯(Paul Sarbanes)这位长期坚持对董事会监管松懈提出批评的人,面对会计师们的疯狂游说和来自白宫的质疑,甚至无法在自己的委员会中获得足够的选票以通过一揽子审计改革举措。但随着丑闻的蔓延,政客们意识到他们必须有所作为。7月中旬,参议院以97票赞成0票反对通过了萨班斯法案的修订版,总统迅速将其签署成为法律。法律对审计人员尤为严厉:监督某一公司审计的会计合伙人每五年必须轮换一次,并且禁止会计师事务所向其审计的公司提供咨询服务。这项法律还要求首席执行官和首席财务官对其财务报告的准确性进行认证,并规定了新的证券欺诈罪,最高可判处25年监禁。

这的确是"烂根"派的胜利——可能是自二十世纪三十年代以来美国公司监管方面最重要的变化。但这一说法有两个方面值得注意。首先,它远不如罗斯福强行通过的一系列法律具有革命性（比如，这些法律创立了美国证券交易委员会，并将投资银行业与商业银行业分开）。萨班斯的主要贡献是通过为会计行业建立明确的标准和监督来清理罗斯福遗漏的部分。第二，"烂根"派的很多人认为公司需要更多修补：公司的大多数董事应该是独立的；首席执行官应该对公司的业绩承担更多责任；股票期权应该被正式削减；审计事务所（而不仅仅是其中的合伙人）应该轮换。

这些缺陷使人们认识到，反弹才刚刚开始。回顾历史，大多数华而不实的资本主义时期之后都会出现拨乱反正——有时是过度反应（可以说，《南海泡沫法案》造成的伤害几乎与南海泡沫一样大）。然而，那些宣称美国公司将不再是原来的公司的预言家们，却很有可能在白费工夫。

首先，"坏果"派在一个方面被证明是正确的：市场开始自我纠正。年长的面孔开始出现在公司高层；大量公司试图提高董事会的业绩，尤其是因为他们的董事担心他们可能会遭遇毁掉安然公司董事生活的那种问题；许多大公司，包括可口可乐，宣布他们将开始股票期权费用化；会计师事务所对客户越来越苛刻。

其次，政界比起人们意识到的要更加支持老板一方：事实上，大多数美国人现在都持有股票，这一事实严重打击了高调发声的民粹主义者。股票持有人当然对改善公司的监管兴趣极大（通过更好的会计、更独立的董事会、更好的公司养老金监管）；他们对限制公司业绩的兴趣则小得多。

最根本的是，尽管欧洲人声鼎沸，但对安然公司的大惊小怪与其说是对美国资本主义的革命，还不如说是对其基本原则的重申。让审计师和外部董事代表股东对公司来说不是一个挑战，而是对公司本质的回归。通过成立不可靠的合伙关系来隐瞒债务，或者花6 000美元购买勃艮第花卉图案的金色浴帘，然后把它卖给你经营的公司（就像泰科公司的老板所做的那样），根本就不应是"公司"所为。这不是反对商业活动，而是反对不良商业行为。改革应最终在海外提高股东资本主义的活力。

尽管如此，很难避免这样一个事实：美国公司——上个世纪的大部分时间引领潮流的公司——并非高调地走完了本书所涵盖的这一时期，而是在自我怀疑的泥沼中，在社会大众质疑的注视下迎来了新世纪。关于公司应该仅仅合法赚钱，还是应该成为谋求公众利益的积极工具，这一古老争论再次浮现（这次的区别在于，虽然公司作为一个整体的力量要强大得多，但单个公司却脆弱不少）。也许可以避免全面后退，但政府完全有可能继续侵蚀更多的规则、更多的义务和更多的责任。社会对公司的期许和失望都集中在一种特殊的公司身上，这是本书下一章的重点：跨国公司。

第八章
影响之源:跨国公司

公元 1850 年—2002 年

很少有公司能像跨国公司那样招来如此多的非议。早在现代股份制公司出现之前,美第奇家族和罗斯柴尔德家族就散发出一种邪恶的力量和难以捉摸的神秘气息。跨国公司总是引起国家精英(他们将之视为对自身合法权威的威胁)、保守民粹主义者(他们将之谴责为全球主义的代理人)以及后来的社会主义者(他们将之痛斥为"资本主义的最高阶段")的怀疑。对二十世纪三十年代欧洲的犹太商业家族,或者今日亚洲的华人大亨而言,1382 年从阿维尼翁匆忙逃跑的年轻"普拉托商人",会让他们感觉相当熟悉。

这种偏见可不仅仅是仇外心理。民族国家喜欢把自己看成手中领地的主人；而跨国公司则有着超越国界的忠诚。在世界较贫穷地区，富裕国家公司的政治权力——无论是真实的还是想象的——似乎都特别具有侵扰性。在亚洲、拉丁美洲和非洲，外国公司修建了许多当地的基础设施，并攫取了大量财富。然而，即使外国人同情其被派驻的国家，想想《诺斯特罗莫》（*Nostromo*）中的查尔斯·古尔德（Charles Gould），当地人很容易做出相反的假设。即使是在外来客难以制造威胁的富裕国家，跨国公司也会引起怀疑。

跨国公司之所以能在外国蓬勃发展，唯一的原因是，无论是通过正当手段还是不正当手段，它都比当地竞争对手更善于销售其产品和服务。但鲜少有人认可这一观点。

最早的海外掠夺

不可避免的是，跨国公司的历史反映了公司的整个历史：这是一个始于欧洲而率先在十九世纪英国"开花结果"的想法，但自那以后便被美国人占有。

银行是第一批大规模跨境协调业务活动的企业。中世纪，代表教皇的意大利银行家以教堂税的形式征收部分英国羊毛，将其转移到海外，并从交易中获取他们应得的收入。十六世纪，德国银行家（如富格尔家族和霍希施泰特家族）建立了跨国网络，其核心业务是借钱给那些急需现金的统治者——最著名的是神圣罗马帝国的皇帝和西班牙国王；随后他们将业务扩展到其他领域，如采矿业。

下一批引人注目的跨国公司，如东印度公司，则更应归功于政府（见第二章）。而现代跨国公司的历史，就像现代公司本身的历史，始于英国的铁路。

从一开始，铁路就被视为出口产业。"火箭号"机车的发明者罗伯特·斯蒂芬森（Robert Stephenson）担任加拉加斯一条铁路的测量员。[雇用他的公司在拉丁美洲有着广泛的利益，因此在伦敦有一份名为《美洲观察》(*American Monitor*)的报纸。][1] 比利时早期的铁路网几乎完全由英国所有，从巴黎到海峡诸港口的第一条铁路线是由伦敦和南安普敦铁路公司开发的：维多利亚时代中期最伟大的企业家之一——托马斯·布拉西（Thomas Brassey）——在欧洲总共建造了近8 000英里的铁路，几乎涉及每个欧洲国家。他雇用了80 000名工程师和工地工人，在鲁昂运营着一家机车运输厂，曾经在五大洲都有铁路和码头工程。[2]

在美国，英国公司大多是被动的投资者。但在其他地方，他们往往自己修建铁路，引入英国管理人员、材料、设备和劳动力。早期的铁路公司通常有两个董事会：一个设在伦敦，主要负责财务管理；另一个设在相关国家，负责日常运营。

维多利亚时代的股份公司在海外的另一次重大尝试中仿效了此种模式，即寻找有价值的原材料。非洲的黄金、钻石和铜，马来亚和玻利维亚的锡，马来亚的橡胶，印度的茶叶，中东的石油——要掌握这些物资，就必须建立跨国公司，在不同的地方设立不同的董事会。因此，许多最著名的资源掠夺者都拥有混合血统，如迪比尔斯（De Beers，英国和南非）、力拓（Rio Tinto，英国和西班牙），甚至壳牌（英国和荷兰）。

十九世纪的最后二十五年里，跨国公司在两个方面改变了形态。首先，它挣脱了沉重的工业外壳。铁路公司和矿主将其优势地位让给了在海外冒险销售药品、香烟、巧克力、肥皂、人造黄油、缝纫机和成衣的公司。得益于铁路、公路、轮船、电报和电话，以及在这段时期结束之际出现的汽车，世界正在以前所未有的速度变小，这一事实帮助了这些国家。不过，跨国公司改变形态的第二种方式在于，它必须通过扭曲自身来处理政治问题，特别是关税问题。

从1883年的美国和1887年的德国开始，一个又一个国家为了刺激本国工业而纷纷提高保护性关税。到第一次世界大战时，英国和荷兰是仅存的仍高举自由贸易旗帜的重要国家。这迫使原本更愿意做出口商的公司纷纷转型为跨国公司。英国肥皂大王威廉·利华最终与欧洲、澳大利亚和美国的工厂合作，他甚至声称，在一个自由贸易的世界里，除了英国，他没有必要在任何地方生产肥皂。[3]

这种壁垒影响到了各种跨国公司，但受影响最大的是英国，英国是这一形式的先驱。十九世纪末，英国出口的资本相当于其国民生产总值的5%至10%。其中很大一部分用于购买外国股票。据历史学家约翰·邓宁

（John Dunning）计算，到1914年，在143亿美元的外国直接投资中，英国占了45%左右。[4] 英国有大约200家大型跨国公司，是美国的五倍。美国（以及德国）的公司倾向于投资邻近的区域，而英国则把整个世界纳入自己的投资版图。

最简单的一种英国跨国公司，就是一家国内的成功公司冒险到国外寻找市场和供应。至1914年，英国三十家最大的公司中，大约有一半的公司至少在国外有一家工厂，其中消费品公司（如利华和J&P服装）居于领先地位。[5] 与美国人不同的是，他们往往只有在国内达到临界规模时才会到国外冒险，一些相对较小的英国公司也会走向国际。1914年的时候，留声机公司（最终成为百代唱片公司）在印度、俄国、法国、西班牙和奥地利都有工厂。奥尔布赖特—威尔逊公司（Albright & Wilson）是一家位于中西部的小型磷肥公司，员工只有几百人，于同一年在加拿大和美国都开设了工厂。在巧克力行业，麦金托什这家小公司在美国和德国建立了工厂，而市场领导者吉百利、弗莱和朗特里则满足于出口。[6]

英国还有另一些专门建立在海外贸易基础上的跨国

公司。其中数量最多的是所谓的"独立公司",通常总部设在伦敦,但成立的目的就是在另一个国家开展业务。[7]这些公司的名称往往取得很夸张,包括英阿(盎格鲁—阿根廷)、英澳(盎格鲁—澳大利亚)和英俄(盎格鲁—俄国)。每家公司都高度专业化,但它们联手起来便足以涵盖整个商业领域,从阿根廷的肉类包装到澳大利亚的抵押贷款。另一略微不同的类别包括一批海外商家,以太古(Swire)和怡和(Jardine Matheson)为代表,由英国人在殖民地建立,目的在于促进该地区的贸易。商人们很快就发展了自己的工厂。例如,1895年,怡和在上海成立了伊渥棉纺织公司(Ewo Cotton Spinning and Weaving Company)。

然而,尽管英国人具有开拓精神,但他们在国内遭遇的绊脚石——不专业的管理——也会在国外绊倒他们。母公司对其外国子公司行使过多的控制权被认为是"小人之举"。第一次世界大战前,邓洛普、考特尔斯和维克斯等公司的外国分公司在母公司需要的时间和地点报告了它们的事务。[8]大多数英国跨国公司的总部并不以活力而闻名——看看《城里的普史密斯》(*Psmith in the City*),

伍德豪斯（P. G Wodehouse）创作于1910年的这部小说讲述了一个年轻的伊顿公学毕业生试图躲避在新亚洲银行的繁重工作，故事基于作者自己在汇丰银行（Hong Kong & Shanghai Banking Corporation）短暂的经历写就。

德国人更注重体系，冒险精神不够。德国也有很多海外贸易公司，即众所周知的商行。不过，典型的德国跨国公司首先是一家成功的国内公司，然后扩张至海外，寻找市场和原材料——首先是奥匈帝国，随后不久就扩展到美国，德国移民在那里提供了主动上门的客户和现成的关系网络。

德国在培养高科技跨国公司方面比英国成功得多，特别是在化工和电气领域。它还开始发展国际消费品牌。著名的铅笔公司辉柏（Faber）早在十九世纪七十年代就开始向海外扩张，在巴黎和伦敦设有分支机构，在维也纳设有代理机构，在纽约布鲁克林开设工厂。[9] 德国制造商到哪里，他们的银行就跟到哪里，他们的工作方式与英国的贸易公司非常相似，比如为客户开拓中东的石油市场。

大多数其他欧洲国家也产生了跨国公司。法国是仅次于英国的欧洲第二大资本输出国。到1850年，从事玻璃生产的圣戈班公司（St. Gobain）已经在德国建立了一个分厂；到1914年，它还在意大利、比利时、荷兰、西班牙和奥匈帝国生产玻璃。法国兴业银行（Société Schneider et Cie）在摩洛哥拥有多家公用事业公司，在比利时投资煤矿，并帮助俄国发展兵器工业。[10] 比利时兴业银行（Société Générale de Belgique）在拉丁美洲、中国、刚果以及一些欧洲国家进行了直接投资。瑞士人在国外的投资可能多于在国内的投资。到1900年，雀巢（Nestlé）已经在美国、法国、挪威、澳大利亚和英国设立了工厂。[11] 即使是欧洲较弱的经济体也成功地产生了一些跨国公司。到1913年，菲亚特（Fiat）已经从都灵基地扩展到奥地利、美国和俄国。同年，保加利亚的一家保险公司也在九个国家运营。

与此同时，亚洲公司也开始在海外扩张。到1914年，日本将国民生产总值的十分之一投资到国外，其中很大一部分是以对中国直接投资的形式进行。[12] 从十九世纪七十年代末开始，三井等十二家贸易公司在中国开设了分公司。1902年，三井开始在中国建造棉纺厂。十年后，日本在中国拥有886台电力织机，甚至超过了英国。[13] 日本也悄悄地进入了美国。早在1881年，已有十四家日本贸易公司在纽约设立分公司。[14] 后来，有三家贸易公司在得克萨斯州开设了办事处，经营棉花业务。[15] 1892年，龟甲万（Kikkoman）在科罗拉多州丹佛市建了一家工厂，为来自日本的移民生产酱油。[16]

许多十九世纪的跨国公司（特别是欧洲的跨国公司）都与帝国主义有着密切的联系，尽管从来没有达到东印度公司的程度。最骇人听闻的暴行发生在刚果自由邦，即十九世纪八十年代比利时国王列奥波德（Leopold）建立的私人帝国。由于手头拮据，国王将该国部分地区卖给了多家特许公司，他通常持有这些公司一半的股份。十九世纪九十年代，当橡胶需求激增时，这些公司通过暴力召集所需的劳动力。由于利润丰厚，法国在1900年也模仿了刚果的特许经营制度。但由于英国领事罗杰·凯斯门特（Roger Casement）发表的一份谴责报告，引起了公众的强烈抗议，1908年，迫于压力，比利时政府从列奥波德手中接管刚果自由邦。

然而，更常见的情况是，跨国公司与其说是激进的掠夺者，不如说是帝国主义机构、基础设施和信心的建设者。在非洲和拉丁美洲，矿业公司发现自己有义务投资铁路和学校。出手阔绰的怡和与太古也是如此。许多殖民地官员退休后争相加入英国公司，把他们关于帝国责任的吉卜林主义思想带到公司里。

然而，十九世纪跨国公司和帝国主义之间的联系常被夸大。这一时期的外国直接投资大多流向其他发达国家，而非殖民地。非洲贫穷的部落居民对西方产品的需求量很小。很大程度上，十九世纪帝国主义的逻辑是战略性的，而不是商业性的。欧洲国家在非洲竞争性的土地掠夺几乎没有带来什么商业收益。有些商人可能在这些遥远的殖民地赚到了钱，但大多数人没有。萨默塞特·毛姆（Somerset Maugham）的短篇小说中饱受折磨的橡胶种植园主，比塞西尔·罗德（Cecil Rhodes）或奥本海默夫妇更像是时代的典型。

独立王国

这一现象的一个间接表征在于，对英国领导地位的最大挑战不是来自其他欧洲帝国主义国家,而是来自美国企业。到1914年,越来越多的美国公司在海外设有工厂,包括福特、柯达(Eastman Kodak)、贵格燕麦(Quaker Oats)和可口可乐等耳熟能详的品牌。外国直接投资约占美国国民生产总值的7%。[17] 到1950年,美国已完全取代英国,成为全世界首屈一指的大型跨国公司领军者。

美国崛起的最重要原因就是我们在第四章讨论过的原因。同样的技能,既使美国公司能够在国内控制一个相当于其他大陆的市场,也使其能够在世界各地销售自己的产品。美国公司率先掌握了驾驭劳动力相对稀缺而工人收入相对较高的经济的技能,对大规模生产和营销也驾轻就熟。

工业公司是第一批在国外崭露头角的美国代表。1867年,胜家缝纫机公司在英国开设了一家工厂。1884年,汤姆森—休斯敦(Thomson-Houston,后来并入通用电气的众多公司之一)成立了一个国际部。福特1908年在曼彻斯特的特拉福德公园建了一家工厂,用进口零部件组装汽车;仅仅五年后,福特就成为英国最大的汽车生产商。1914年，俄国最大的两家企业是胜家公司和国际收割机公司。胜家公司拥有27 000名员工和一支销售队伍，他们的团队甚至覆盖了西伯利亚的蛮荒之地。[18]

这让美国人看起来冷酷无情。事实上，他们中的许多人收购海外业务的方式与英国收购其"帝国"的方式如出一辙——"随性而为"。美国公司设立了临时的国外市场部门，以应对对其产品的需求。但一旦他们进入国外市场，讽刺的是，他们发现自己被试图阻止进口的保护主义者吸引，反而进入了更深远的市场。例如，1897年，奥地利外交部长戈卢科夫斯基伯爵（Count Goluchowski）向其他欧洲领导人发出了一封通知信，敦促他们联合起来对付美国"入侵者"。通过在欧洲建立分支机构，美国公司可以跨越关税，更快地将产品推向市场，并使其适应当地口味。这一举动不可避免地出现了雪球效应——一家像福特这样的公司刚搬到国外，它的竞争对手和供应商就一定会"如影随形"。

第一次世界大战后，美国人变得更加有条不紊。就连最后一个自由贸易国家英国也在1916年对包括汽车在内的一些商品开征关税，随后在1932年完全屈服于保护主义。然而，所有的关税壁垒对美国佬的聪明才智都不管用。二十世纪二十年代，通用汽车收购了英国沃克斯豪尔（Vauxhall）汽车公司和德国欧宝公司（Opel），以规避新关税。阿尔弗雷德·斯隆回忆道："我们必须设计出一些与限制性的规定和关税共存的经营方式。我们必须研究出一种适合海外的特殊组织形式。"（某些情况下，这种"本地化"的愿望导致与暴君"沆瀣一气"：IBM公司和福特公司讨好希特勒的方式就是最好的例子。）与此同时，美国人也迈出加拿大和西欧这样的安全领域，到更广阔的天地展翅高飞。二十世纪三十年代的大萧条，对各种跨国公司来说都是一个悲惨的时期，而美国公司却发现他们在拉丁美洲获得了最高的增长率。

据邓宁估计，到1938年，外国直接投资的总存量已经增至264亿美元，其中40%属于英国，28%属于美国。战争结束后仅仅数年，美国便果断地夺走了英国的领先地位，似乎第二次世界大战的目的是让美国跨国公司在欧洲竞争对手面前获得最后的优势。战后，由于马歇尔计划的实施，不断上升的欧洲生活水平刺激了消费者的需求，而美国那些仍处于健康发展状态的公司最能满足这一需求。1947年《关税及贸易总协定》（GATT）的出台，扫除了以往的大部分关税壁垒，美国企业则加速向海外扩张。到1960年，全球累计外国直接投资存量已增至660亿美元，其中美国占49%，而英国仅占16%。[19]

美国的秘密武器之一是客机。在国内国外飞来飞去的国际经理并非新生事物。壳牌公司和联合利华公司的外籍经理遍布世界各地，但他们的工作是扎根当地，而不是四处奔波。新一代的美国跨国公司人士大部分时间都乘坐着喷气式飞机从一个陌生的酒店房间到另一个房间。喷气式飞机能让他们在七个小时内飞越大西洋（他们中相对更急躁者将大西洋戏称为"池塘"）。他们可以通过电话和传真与家里的办公室保持联系。这种做法的明显缺点是肤浅，但也让美国人把自己的公司看成是全球实体，而不是国内公司的集合体。

二十世纪六十年代是美国跨国公司的鼎盛时期。欧洲人惊恐地看着美国在欧洲大陆的直接投资从1950年的17亿美元增长到1970年的245亿美元，美国"入侵者大军"——IBM、福特、凯洛格（Kellogg）、亨氏、宝洁在他们的大陆上横冲直撞。在《美国挑战》一书中，让—

雅克·塞万—施赖伯认为,美国在广阔的地理区域管理大公司的优越能力令欧洲公司不可能参与竞争。他指出,美国人掌握了能带来持续繁荣的关键组织工具;另一方面,欧洲人则被他们对家族企业的承诺以及他们对天赋而非科学的崇拜所束缚。

对于世界各地的评论家来说,ITT 公司代表了新的邪恶。这家 1920 年诞生于波多黎各的小型电话公司首先以巴结各种独裁者而闻名,包括西班牙的佛朗哥和德国的希特勒。[ITT 的德国子公司参与了希特勒的福克—伍尔夫(Focke-Wulf)轰炸机的制造,战后,该公司成功地要求盟军赔偿因空袭炸毁福克—伍尔夫工厂造成的损失。][20] 战后,ITT 的业务遍及世界各地,一边大肆行贿一边哄骗当地政客。二十世纪七十年代,该公司曾介入智利政坛,试图阻止阿连德(Salvador Allende)的左翼政府上台。美国证券交易委员会最终透露,ITT 在印度尼西亚、伊朗、菲律宾、阿尔及利亚、墨西哥、意大利和土耳其等国总共花费了 870 万美元进行非法活动。

多文化的跨国公司

美国人会横扫一切的想法在二十世纪七十年代土崩瓦解。1971年美元贬值使得外国资产对美国公司来说更加昂贵,而对外国人来说,美国资产则更便宜。二十世纪七十年代中期的油价上涨以及随后的商品价格上涨推动了对节能设备的需求,而美国人在生产节能设备方面几乎没有任何经验。通货膨胀和经济衰退进一步削弱了他们的自信心。到二十世纪八十年代初,美国人已处于守势,被德国跨国公司压制,被日本公司羞辱(见第七章)。

二十世纪的最后二十五年,试图从民族主义的角度来看待跨国公司的历史变得更加困难。毕竟,在这个时代,书店的商业书籍专架充斥着诸如《无国界的世界》(*The Borderless World*)、《主权的曙光》(*Twilight of Sovereignty*)和《海湾主权》(*Sovereignty at Bay*)等作品。1983年,西奥多·莱维特(Theodore Levitt)在《哈佛商业评论》(*Harvard Business Review*)上发表了一篇著名文章，他认为"地球是圆的，但在大多数情况下，把它看成是平的是明智的"，这纯属夸大。地理知识仍很重要。1995年，市值排名前100位的公司包括43家美国公司、27家日本公司、11家英国公司和5家德国公司。像俄罗斯、中国、印度、加拿大、印度尼西亚和巴西这样的大国还无法占据一席之地。[21] 在这一时期，跨国公司可以从任何地方出现。两个世界上最成功的移动电话公司——诺基亚和爱立信——在北极圈边缘崛起。宏碁（Acer）于2000年在中国台湾地区成立，成为全球第三大电脑公司——要知道，中国台湾地区曾是廉价收音机的代名词。[22]

这一时期发生了三个重要的变化，影响了各种跨国公司。首先是数量大幅增加。到2001年，全世界约有65 000家"跨国"公司，大约是1975年的五倍；全球范围内，它们设立了85万家外国子公司，雇用了5 400万人，营收高达19万亿美元。二十世纪九十年代，外国直接投资增长速度是全球产出的四倍，全球贸易的三倍。大约三分之一的贸易流由单个公司内部的支付构成，这反映了跨国生产系统在世界各地的延伸方式。2000年，全球外国直接投资总额超过 10 000 亿美元。

其次，这一时期，小公司和大公司在推动全球化方面做了同样多的工作。贸易壁垒的降低、放松管制的普及、运输和通讯成本的暴跌：所有这些都使得"大卫"们有可能挑战巨人"歌利亚"。更自由的贸易使包括微软在内的年轻公司能够进入海外市场，而不必建立庞大的国外办事处。资本市场的放松管制使小公司能够获得大笔资金，而创新的管理技术（如以单定产）则使它们能够在效率上与更大竞争对手比肩。与大公司相比，小公司也较少受到政治偏见的影响。[23]

最后，跨国公司更加努力地将全球视为一个单一的市场，纷纷用"洲际公司"、"国际公司"和"新时代的跨国公司"等难听的名字来为自己命名。这种变化在大公司中尤为明显。在二十世纪的大部分时间里，福特基本上是一个由跨国公司组成的联盟，在每个国家都有自己的总部、设计部门和生产工厂。福特甚至一度有两辆完全分开设计和制造的同款车型（Escort）。然而，到二十世纪九十年代，它正在开发带有通用部件的"世界汽车"，比如恰如其分地命名为"蒙迪欧"（Mondeo）的车型——不仅在世界各地协调制造,连广告也在全球同步推出。

这一切听起来极具帝国主义意味。事实上,优秀的跨国公司不仅不遗余力地使产品适应当地的口味(甚至瓜分美国市场),而且还在全球范围内寻找创意。事实上,在一个大多数数据都可以轻易获取的时代,让各地的人都在现场工作的唯一理由就是利用他们的大脑。[24] 跨国公司将财富花在了新的电子系统上,以加快公司内部的信息传递,它们开始尝试所谓的智力套利——例如,将意大利设计师和日本的小型化专家结合在一起。

这些年的许多组织变革都是由全球规模与本地知识相结合的愿望所推动。雀巢公司将意大利面业务的总部设在意大利。在1988年由瑞典和瑞士两国企业合并成立的 ABB 公司(Asea Brown Boveri),执行总裁珀西·巴尼维克(Percy Barnevik)分散了一些事务(将公司划分为1 300个独立的公司,这些公司又被划分为5 000个利润中心),同时也集中了一些事务:他将英语作为公司的官方语言,尽管只有三分之一的员工母语是英语,并任命了一个由国际经理人组成的总督察队来监督公司。

然而，这并没有提供一个明确的答案。ABB公司在2002年迅速衰落，因为其组织架构变得无比复杂。一个更大的问题是，太多的跨国公司仍然认为"全球化"仅仅意味着"更国际化"，大多数跨国公司的领导者基本来自本国。即便是联合利华和壳牌这样的多元文化典范，从中国和巴西（二十一世纪最有希望的两个市场）培养出的公司高管也少之又少。一些公司将发展中国家仅仅当成廉价劳动力的来源，而非创意之源。这种只把第三世界工人视为廉价劳力的"耐克经济"催生了对跨国公司的强烈抵制。

处处不讨好

到二十世纪末，跨国公司被指责为全球化的黑暗"领主"，反全球化抗议者在西雅图、华盛顿和伦敦爆发骚乱，抗议跨国公司的强大力量，矛头直指麦当劳等公司（到二十世纪九十年代中期，麦当劳在100个国家每天供应300万个汉堡）。雷蒙德·弗农（Raymond Vernon）是研究跨国公司的经典著作《海湾主权》的作者，他在1998年出版的《身处飓风眼》（*In the Hurricanes Eye*）中预测：随着人们对跨国公司的反对声音日益高涨，跨国公司前途黯淡。

它们真的变得如此强大了吗？持肯定回答者主要是商人。正如陶氏化工（Dow Chemical）董事长曾经说过的那样，他们早就梦想着"买下一个不属于任何国家的岛屿，并在这样一个真正中立的岛屿上建立陶氏化工的全球总部，对任何国家或社会都不承担任何责任"。这幅画面让企业首领们求之不得：他们的企业随时可以另起炉灶，抛弃任何让他们失望的政府。

事实上，跨国公司的实力远低于批评者的想象。反全球化运动中流行的一种观点是，在世界上100个最大经济体中公司占51%，这种观点依赖于将公司销售额与各国国内生产总值（GDP）进行比较。但GDP是衡量附加值的指标，而非销售额。以企业增加值衡量，2000年全球100个最大经济体中，只有37家跨国公司上榜；其中两家进入前50名（沃尔玛排名第44位，埃克森美孚排名第48位）。沃尔玛的规模仅为比利时或奥地利这类欧洲普通国家的四分之一，尽管它胜过巴基斯坦和秘鲁。

最大的跨国公司非但没有获得经济影响力，反而失去了经济影响力。1980年至2000年期间，全球最大的50家公司的增长速度慢于全球经济整体增速。[25]

此外，财富和权力是两回事。2000年，沃尔玛可能比秘鲁更富有，但即便是在这个功能失调的国家，它也显得相当虚弱。沃尔玛没有强制力：它不能征税，不能调遣军队，也不能囚禁任何人。在它设有分支机构的每一个国家，它都不得不向地方政府低头。以前的巨头，如ITT或东印度公司，可以聚集真正的政治力量；而沃尔玛只是相当擅长零售而已。

跨国公司的历史指出了两个相互矛盾的结论。第一个结论是：跨国公司通常已经成为一股向善的力量，或者至少，它们已经令人震惊地放弃了"恶行"。早期的特许公司是国家垄断企业，以征服和剥削为己任。皇家非洲公司的缩写"RAC"被烙在成千上万奴隶的胸膛上。此外，皇家非洲公司不仅仅得到了政府的热烈支持［其首任总裁是约克公爵詹姆斯（James, Duke of York），纽约即以他的名字命名］，而且还得到了民间社会的热烈支持［其股东包括伟大的自由主义哲学家约翰·洛克

(John Locke)]。"在东方,社会规范和自然法都遭到严重践踏。"1773年,伯格因委员会(Burgoyne Committee)在其对东印度公司的谴责中痛斥。"形形色色的压迫将手无寸铁的穷苦当地人践踏在地;残忍的暴政蔓延到了遥远的国度。"[26]

这种剥削的传统当然延续到了十九世纪。英国领事罗杰·凯斯门特关于刚果自由邦政府的报告令人震惊。一名在特许公司工作的哨兵解释他是如何将11名妇女扣为人质,直到她们的丈夫"在下一个集市日运来了所需的适量橡胶"。[27]然而,到二十世纪末,除了少数例外(如ITT),跨国公司的恶行不是作恶多端,而是不作为。例如,壳牌公司因在1995年没有采取更多行动阻止尼日利亚持不同政见者肯·萨罗维瓦(Ken Sarowiwa)被处决而受到严厉批评。它们可不是为了推翻政府而满世界扩张的。

那么,反对跨国公司支付极低工资的意见呢?这里的关键问题是,这个极低的工资是按西方标准衡量,还是以当地标准衡量。1994年,跨国公司外国子公司的平均工资是当地平均工资的1.5倍;在低收入国家,这一数字是当地制造业工资的两倍。[28] 跨国公司通常比当地竞争对手遵守更高的劳动标准。它们成功的关键通常不是工资低，而是因为它们带来了优势资本、技能和想法（这也提高了当地的生活水平，丰富了当地消费者的选择）。

提供更好的商品和服务，从洗衣机到支票账户，甚至汉堡包，一直是跨国企业的核心合理化理由。跨国公司依自己的规矩独立存在。然而，值得一提的是，跨国公司并非总是仅仅靠贪欲驱使。在世界各地，它们建造了学校和医院。甚至在其发展史上出现的肮脏事件中，通常也能发现正直的范例。1910年，威廉·利华来到了比属刚果，获取了七个巨大的种植园，在那里他开始建造一个更原始的阳光港。他的模范社区包括医院、学校和道路。在有生之年，他从刚果一分钱也没赚到，但利华认为这些村庄是他最大的成就之一。[29]

第二个结论是，无论在国内还是国外，跨国公司都从未受到爱戴。我们已经提到了特罗洛普和《晨邮报》的仇外心理。1902年，英国评论员麦肯齐（E. A. Mackenzie）出版了《美国入侵者》（*The American Invaders*）——这是对在英国土地上开设工厂的美国跨国公司毫无保留的谴责。在二十世纪的大部分时间里，英国左派对外国投资感到愤怒，理由是外国投资正在剥夺英国工人的生计，霍布森（J. A. Hobson）就此阐述的一番宏论形成了完整的帝国主义理论。若干年后，帕特·布坎南（Pat Buchanan）和罗斯·佩罗（Ross Perot）也发表了同样的言论。

把这些结论当成经济文盲、政治机会主义和仇外心理的例子很容易。但跨国公司显然引起了人们的担忧，这些担忧根深蒂固，仅靠一些统计数据无法进行充分解释。有一种普遍存在的担忧：你的工作有赖于生活在遥远国度的经理们的决定。因此，跨国公司将继续代表公司的最大优点：提高生产力以及由此提高普通人生活水平的能力。但它们也将继续展现出公司最令人担忧，或许也是最令人生厌的种种特质。

结　语
公司的未来

1912 年，当时即将成为总统的伍德罗·威尔逊（Woodrow Wilson）以明显的沮丧情绪审视了美国社会。他哀叹大公司的崛起，以及它们如何将生而自由的美国人变成伟大工业机器上的齿轮。他写道："我们面对的是一个全新的社会组织。我们的生活已与我们熟知的过去完全脱离。"[1]

至少从十九世纪中叶开始，公司就深深地卷入了大多数伟大的"与过去脱离"之中。即便公司没有直接参与其中，借用亨利·亚当斯（Henry Adams）的一句话，公司也显露出了一种"浓缩"社会变迁的能力。这种浓缩能力不仅仅是生产出改变社会的产品，如福特的 T 型车或微软的 Word 软件，而是改变人们的行为方式：一是扰乱旧的社会秩序，二是控制人们的日常生活节奏。

纵观公司历史，公司也显示出了同样卓越的发展能力：事实上，这一直是其成功的秘诀。十九世纪，公司从一个政府机构转变为一个自己的"小共和国"，负责管理自己的事务并为股东赚钱。到二十世纪，威尔逊的"新组织"比他所担心的掠夺大亨们存在的时间更长，并与他们雇用的仆人结盟。"公司人"把公司变成了一个运转顺畅的官僚机器，但当情况发生变化时，他也会遭抛弃；现在，公司以一种精干、扁平化的创业方式呈现在世人面前。

毫无疑问，公司这种长于"变形"的"物种"在未来将继续发生巨大的变化，这些变化将为我们所有人带来"与过去脱离"。这些变化会把我们带至何方？这取决于本书的两个主题。首先是经济逻辑：交易成本和决定公司是否有意义的等级成本之间的平衡。其次是政治。公司从政府的腰包里产生。即使在十九世纪中叶获得了自由发展的机会，它们仍然必须获得所谓的"社会特许"。[2] 该特许的条款可能是明确的，也可能是含蓄的，但当公司似乎要将其打破时，像伍德罗·威尔逊这样塑造社会的人已经控制了公司（通常是以粗暴的方式）。威尔逊当时的对手西奥多·罗斯福说："我相信公司。它们是我们现代文明不可或缺的工具；但我认为，它们应该受到监督和监管，以便为整个社会的利益行事。"2002年，几乎所有支持《萨班斯—奥克斯利法案》的美国政客都这样说（尽管说得不那么有说服力）。

三个可能出现的世界

从纯经济的角度来看，公司有三种不同的未来。第一种观点——特别是在反全球化圈子里流行的观点——认为少数大公司正在对世界进行"悄无声息地接管"。在过去的几十年里，合并的浪潮空前高涨。幸存者们被认为是当今世界真正的霸主，拥有比大多数国家更强的经济实力，但没有任何责任感。

这种观点的问题在于几乎没有事实支持。正如我们所见，认为现在世界上最大的100个经济体中大多数都是公司的想法是对统计数据的严重滥用。大公司不但没有增加对整个世界的控制力，反而在逐渐失去优势。仅仅三十年前,在国内市场享受着舒适地位的寡头们——比如美国的电视和汽车公司——现在却被来自世界各地的公司不断挤压市场空间。而且,一般来说,某个行业越具有未来感,行业集中的证据就越少。在计算机硬件、软件和长途电话方面,美国前五大公司的市场份额一直在下降。[3]

第二种观点与第一种观点几乎截然相反:公司正变得越来越不重要。展望未来,该观点的支持者推荐销售电脑的"单轨公司"(Monorail)。此种公司没有工厂、仓库或任何其他有形资产。它在亚特兰大的一栋办公楼租赁的一层楼里运营。公司销售的电脑由自由职业者设计。接下订单后,客户拨打一个连接到联邦快递物流服务的免费电话号码,将订单传给一个按不同部件组装计算机的制造商。联邦快递随后将电脑运送给客户,并将发票发送给"单轨公司"的代理商——太阳信托银行(Sun Trust Bank)。除了一个好主意、亚特兰大的几个人和一堆合同,这家公司什么都不是。[4]

此种极简主义做法大体上获得了一些杰出经济学家的支持,这算一种利好。你可以运用罗纳德·科斯的理论，即当与在市场上购买物品相关的"交易成本"超过维持一个机构的层级成本时，公司的存在即有意义，但现代技术通常会将优势的平衡从公司转移到市场和个人。然而，公司将退居经济外围的想法似乎也略显牵强。正如我们所见，大公司拥有某些"核心能力"，通常与文化有关，在市场上很难买到。即使撇开文化不谈，仍有一些市场失败的例子说服企业尝试在内部而不是外部进行改变（企业总是会被诱惑去收购那些它们无法从其他地方获得的产品供应商）。微软和甲骨文（Oracle）可能比斯隆的通用汽车更松散、更脆弱，但它们仍然是大公司，而且试图发展得更大更强。

第三种预测是第二种预测的一个分支：单个公司将不再是现代经济的基本组成部分。它将被"公司网络"所取代。一些经济组织长期以来一直以相互关联的业务网络为中心，如日本的经连会和韩国的财阀。但最常被引用的范例是硅谷的无边界公司。理论上，这些松散的联盟是彼得·德鲁克所谓"知识工人"的理想家园。

这听起来很吸引人。但网络概念（只要足够恰当）将太多相反的想法捆绑在一起。像日本经连会这样的旧式网络,主要是为了保护成员公司不受市场的影响,现在却分崩离析。硅谷的网络依赖于其对市场动向的敏感度,看起来更加现代化,但它们仍然是围绕着公司而建立。不管存在其他什么缺点,股份公司既有法律人格又有内部问责制度;而网络却二者皆无。这使得它们很难做出共同决定或分配利润(空中客车公司绝望地试图成为一家独立公司,即为一例)。网络成功的地方,通常是因为有公司在背后推动。如果没有这一前提,情况将截然不同,难免纠结于细枝末节,举步维艰。[5]

所以这三个对公司未来的预测都不可靠。然而,最后两个愿景似乎比第一个更为合理。目前的趋势是公司变得越来越不像"公司":大型组织机构将自己分解成更小的企业单位。科斯式交易成本的降低将使小公司——或者仅仅是企业家的集合体——更容易挑战大公司的主导地位,也更容易吸引企业家们彼此建立松散的关系,而非形成长期存续的公司。

岌岌可危的特许

所有这些经济预测的问题在于,它们忽略了一个决定性的变量：政治。贯穿本书的一个主题是公司和政府之间的权力争夺。毫无疑问，公司占了上风。现代公司的地位与东印度公司不同，东印度公司每隔二十年必须向议会乞求延续特许。美国的公司常常从迫使联邦政府和各州政府竞相为其提供优惠的"角逐"中获利。公司还会侵蚀政府享有的特权，并将自己嵌入政治体系之中：想想公司的广告或现代公司对媒体的控制所产生的影响吧。企业有时甚至能够击败最强大的政府：IBM 在美国政府二十世纪七十年代最大规模的反垄断调查案中幸存；而微软则挫败了二十世纪九十年代最大规模的反垄断"攻击"。

因此，此种平衡可能已经发生变化，但目前尚不清楚公司是不是拥有更强大力量的一方。正如我们在比较沃尔玛和秘鲁时曾指出的那样，即使是规模最大的公司，也没有什么真正的权力能与政府匹敌，无论后者多么混乱不堪。对公司的监管和审查比以往任何时候都更为严厉：它们可能不用每隔二十年就必须向议会证明存在的价值，但必须面对来自政府和媒体的外部审查，频率远非东印度公司所能想象。至于竞相给予的优惠，只不过是受以下事实的限制：许多公司的成功其实取决于其所在的地理位置。公司不能一时兴起迁往别处，因为这样做就意味着留下了需要和公司共同发展的员工和客户。微软在与司法部的"缠斗"中从未威胁要迁出西雅图。

为了继续做生意，现代公司仍然需要社会的特许，而特许的条件极为重要。从公司的角度来看，两片云彩已经出现在公司的视野中：公司丑闻和社会责任。

我们已描述了安然公司丑闻（见第七章）。展望未来，需要强调的是，"恶行"曾经且永远都将是公司的问题，特别在股市繁荣时期。很容易想象安然公司的董事们围坐在休斯敦办公室的一张桌子旁，一边盯着他们的股票期权，一边将他们真正的工作总结为"抬高股价的特权"。事实上，这句话来自维多利亚时代的一部小说——特罗洛普1875年出版的《如今世道》。该书很可能来源于一起真实的金融骗局。此事件由一家名为动产信贷银行（Crédit Mobilier）的专门兜售股票的金融机构一手炮制。这家机构就像恶毒的梅尔莫特一样，来自法国。与安然更为相似的是塞缪尔·因索尔（Samuel Insull）的职业生涯，他白手起家，成为风起云涌的二十世纪二十年代最炙手可热的商人之一，一手将芝加哥爱迪生公司（Chicago Edison）包装为一个公用事业和运输公司的庞大骗局。曾几何时，他一度担任过65家公司的董事会主席、85家公司的董事和11家公司的总裁。但1929年的股市大崩盘使这场骗局轰然坍塌。因索尔仓皇逃往国外。他遭到强烈谴责，被视为公司贪婪的象征。他被押回美国受审，出人意料的是，法庭宣布他无罪，当然，他的巨额财产已不复存在。落魄的因索尔于1938年死在巴黎地铁上。

如果维多利亚时代的人在十九世纪六十年代破产潮后听从建议禁止股份公司的话，世界会变得更好吗？如果执行罗斯福新政的官员们将美国大部分企业国有化，美国会成为一个更富裕的国家吗？当然不会。历史表明，安然事件之后，人们要谨慎行事。《萨班斯—奥克斯利法案》中的大多数改革（如禁止审计师兼任公司顾问），肯定只会增强股份公司的实力。其他措施也应该到位：如果《萨班斯—奥克斯利法案》强制一家公司对外部审计公司进行轮换，而不仅仅是轮换审计事务所内部的合伙人，那就更好了。但资本主义的基本规则并不需要重构。

这与决定公司特许权的第二个因素有关。自十九世纪中叶以来，就公司的两个不同概念一直存在争论：一方是认为公司对广泛的社会群体负责的利益相关者观点，另一方是认为公司主要对股东负责的股份持有人观点。这场争论看来将愈演愈烈，不仅因为安然公司，还因为利益相关者的观点正在其大本营日本和欧洲大陆逐渐冷却。作为股东至上主义的精神家园，德国在过去五年中推出了比前五十年更多的上市公司，现在德国股东的数量超过了工会成员。戴姆勒—克莱斯勒和沃达丰—曼内斯曼等德国巨头因试图打破"终身就业"协议而饱受抨击。同样的事情也发生在日本。

如果盎格鲁-撒克逊模式更灵活，那么盎格鲁-撒克逊模式则极有可能占上风。但股东模式真的像批评者所言那样无情，对社会完全不负责任吗？你不必成为全球化的铁杆反对者，就可以对企业的"冷血无情"表示担忧。人们普遍认为，公司并没有履行其社会契约中的职责：人们一直都在被解雇，或者担心自己将要被解雇；他们的工作时间越来越长，与家人共处的机会越来越少——前述种种，罪魁祸首便是四百年前爱德华·科克（Edward Coke）斥责的那些没有灵魂的机构。

宽泛的回答是，尽管盎格鲁—撒克逊式公司可能没有灵魂，但它们确实有大脑。公司如今在公众的关注下运作；他们比以往任何时候都要顾及股东的态度。不管以何种合理的方式衡量，它们对第三世界国家的掠夺比以前少了，为妇女和少数族裔提供的机会则比以前多了。

但它们的自我辩护不应仅仅基于放弃以往的坏习惯。从一开始，盎格鲁—撒克逊公司就一直愿意在没有政府推动的情况下承担社会责任。它们创始人的精神追求可能与此有关。马克斯·韦伯因指出资本主义的兴起与新教伦理之间的联系而扬名天下。创建了众多英国银行和糖果公司的贵格会商人们会举行例会，向同行证明其所从事商业事务的正当性。[6] 掠夺大亨们建造了美国大部分的教育和公共医疗基础设施。公司对自己的社会目标越来越明确。硅谷历史最悠久的公司惠普半个多世纪以来一直认为利润不是其业务的重点，并坚持认为惠普的商业模式才是其成功的核心。IBM现在将自己定义为教育领域的战略投资者，默克公司（Merck）已投入亿万资金用于根除艾滋病，雅芳公司（Avon）是全球最大的乳腺癌研究投资者之一。

许多批评公司的人会找出这一切举措有其自私的考量：化妆品公司希望被视为女性的同情者，就像费城的掠夺大亨希望利用慈善机构挤进怀特马什山谷狩猎俱乐部一样。愤世嫉俗者没有抓住要点。纵观历史，只要还能赚钱，公司就不再简单地将追求短期利润最大化作为自己的目标。有很多坚实的理由说明为什么企业行善可获取既得利益。

不妨考虑两个日益重要的原因。第一个是信任。在与客户、员工甚至监管者打交道时，信任会给公司带来受到质疑所催生的益处。在危机中采取负责任的行动的价值——例如强生公司（Johnson & Johnson）在1982年对泰诺氰化物中毒事件的反应（这家制药公司花费巨资立即撤回了产品）——现在已被资本家们认可。相比之下，那些对外部环境应对不当的公司会严重丧失公众的信任。通用电气污染哈德逊河在宣传和商誉方面造成的损失，远超当初将废弃物倒入哈德逊河所节省的成本。第二个原因是"人才争夺战"。美国西南航空公司

(Southwest Airlines)是行业中最体贴的雇主之一：它是美国唯一一家在"9·11事件"之后不裁员的航空公司。2001年，该公司的3 000个职位收到了120 000份申请。星巴克推出不含咖啡因的咖啡，此举体现出的"贴心"也成为一个竞争优势：其员工流失率为50%，而快餐业的平均流失率约为250%。

这些成就实实在在，但列出一长串公司何时采取了负责任的行动（以及何时没有），可能会遗漏最重要的一点。亨利·福特五美元的工资是一股向善的力量，但他的廉价汽车帮助穷人改变了生活。波音公司已花费亿万美元资助西雅图，但对该地区的真正推动是其提供的就业机会。强生公司对泰诺事件的处理堪称典范，但它对美国社会福祉的主要贡献是它所生产的药物和创造的利润。股份公司的核心优势是，它是私营企业生产力增长的关键：个人汇集资本、提炼技能及传授技能的最佳和最容易的架构。结果就是我们都变得更富有。

未来的问题与其说源于公司对社会的影响，不如说源于社会对公司的影响。政府或许已放松了对市场的管制，但对公司的监管比以往任何时候都更加积极。政府对公司的监管从一开始的事故预防（工作场所安全规则）和福利管理（通过公司组织养老金），到现在已扩展许多。在美国，各类法律涵盖从残障人士保护到温室气体排放，无所不包，波及面极广，堪称美国本土版本的欧盟《集体协议》（Social Chapter，该协议正式将工人的权利纳入其中）。跨国公司现在被视为通过公平贸易解决第三世界贫困问题的工具。随着政客们发现让公司为其工作（无论是在财务方面还是在选举方面）要便宜得多，这些数字和义务可能会变得越来越大。

对于方兴未艾的企业责任运动来说，一切都很好。而且，某种程度上，历史站在他们一边：无论好坏，罗伯特·劳的"小共和国"的命运总是与最初让其获得自由的政府息息相关。但历史的另一个教训是，当政府和企业之间的界限清晰明了，二者通常处于最繁荣的时期。公司对社会的最大贡献就是促进经济发展。公司当然有义务遵守法律。但公司的存在是为了赚钱。

这场争论以不同的方式已持续了数百年。当前争论的转折点在于，虽然公司总体上从未像现在这样充满活力，但单个公司也从未像现在这样脆弱不堪和可有可无。

东印度公司存续了258年；如果微软能达到这一时间的四分之一，便足以大书特书。在一个选择无限多样的世界里，没有哪家公司会有安全的未来。

社会能否找到一种成功的方式，善用一个已经成为集中起来不可分割而分散开来却又不可预测的机构？这一问题是对公司未来进行争论的焦点。与此同时，股份公司还有很多值得骄傲的地方。吉尔伯特和沙利文在《乌托邦有限公司》中赞许的这个机构，至少应为其迄今所取得的成就收获一轮掌声。

参考文献综述

公司历史上不可或缺的权威人物是阿尔弗雷德·钱德勒。钱德勒出版了三本经典著作:《战略与结构:美国工商企业成长的若干篇章》[*Strategy and Structure*: *Chapters in the History of the American Industrial Enterprise* (Cambridge, Mass.: MIT Press, 1962)]、《看得见的手:美国企业的管理革命》[*The Visible Hand*: *The Managerial Revolution in American Business* (Cambridge, Mass.: Harvard University Press, 1977)],以及《规模与范围:工业资本主义的原动力》[*Scale and Scope*: *The Dynamics of Industrial Capitalism* (Cambridge, Mass.: Harvard University Press, 1990)]。前两本书关注美国;第三本扩大了范围,包括英国和德国。

另一个伟大的权威人物是彼得·德鲁克。他关于公司的名著,是一本概要介绍第二次世界大战后通用汽车公司的专著:《公司的概念》[*The Concept of the Corporation* (New

York: Mentor, 1983; first published in 1946)]；不过，他的历史见解散见于他关于管理的大量著述之中。

关于公司历史的一般性书籍不多，大多数历史学者都有意将研究范围局限于特定的公司和特定的时期。有几本书值得一提。内森·罗森博格（Nathan Rosenberg）和L. E. 伯德泽尔（L. E. Birdzell）的《西方是如何富起来的：工业国家的经济转型》[*How the West Grew Rich: the Economic Transformation of the Industrial World* (New York: Basic Books, 1986)]对公司在西方的成功中所扮演的角色发表了深刻的见解。乔纳森·巴伦·巴斯金（Jonathan Barron Baskin）和保罗·米兰提（Paul Miranti）合著的《公司金融史》[*A History of Corporate Finance* (Cambridge: Cambridge University Press, 1997)]是一本关于这一主题的全面指南，并附有大量脚注。安东尼·桑普森（Anthony Sampson）的《公司人：公司生涯的起起落落》[*Company Man: The Rise and Fall of Corporate Life* (New York: Times Business, 1995)]通过最忠诚的员工经历讲述了公司的历史。托马斯·麦克劳（Thomas McCraw）主编的《创造现代资本主义：企业家、公司和国家如何在三次工业革命中获胜》[*Creating Modern Capitalism: How Entrepreneurs, Companies and Countries Triumphed in Three Industrial Revolu-*

tions（Cambridge, Mass.: Harvard University Press, 1995）]，收录了关于英国、德国和美国的文章。杰克·贝蒂（Jack Beatty）主编的《巨人：公司如何改变美国》[*Colossus: How the Corporation Changed America*（New York: Broadway Books, 2001）] 一书收录了不少值得一读的文章。另一本有益的文集是约翰·帕金森（John Parkinson）、安德鲁·甘布尔（Andrew Gamble）和加文·凯利（Gavin Kelly）主编的《公司的政治经济学》[*The Political Economy of the Company*（Oxford: Hart, 2000）]。丹尼尔·耶金（Daniel Yergin）和约瑟夫·斯坦尼斯洛（Joseph Stanislaw）合著的《制高点：政府与重塑现代世界的市场之战》[*The Commanding Heights: The Battle Between Government and the Marketplace That Is Remaking the Modern World*（New York: Simon & Schuster, 1998）] 对政府与公司之间的关系进行了精彩的阐述。

卡尔·摩尔（Karl Moore）和大卫·刘易斯（David Lewis）合著的《企业帝国的根基》[*Foundations of Corporate Empire*（London: Financial Times/Prentice Hall, 2000）] 一书对古代商业进行了详尽的介绍。研究中世纪和文艺复兴时期的绝佳起点是费尔南·布罗代尔的巨著《十五至十八世纪的物质文明、经济和资本主义》[*Civilization and Capitalism: 15th–*

18th Century（New York：Harper & Row，1982）］。艾丽斯·奥里戈（Iris Origo）的《普拉托商人：中世纪意大利城市的日常生活》［*The Merchant of Prato: Daily Life in a Medieval Italian City*（London：Penguin，1992）］则提供了一个微观视角来补充布罗代尔的宏观观点。

东印度公司研究领域最杰出的历史学家是乔德胡瑞（K. N. Chaudhuri）；相关论述参见其著作《东印度公司：早期股份公司的研究（1600年至1640年）》［*The East India Company: The Study of an Early Joint-Stock Company, 1600-1640*（New York：Reprints of Economic Classics，Augustus M. Kelley，Bookseller，1965）］和《亚洲贸易圈和英国东印度公司》［*The Trading World of Asia and the English East India Company*（Cambridge：Cambridge University Press，1978）］。其他有用的研究成果还有约翰·凯伊（John Keay）的《荣誉公司：英国东印度公司史》［*The Honourable Company: A History of the English East India Company*（New York：Macmillan，1991）］和菲利普·劳森（Philip Lawson）的《东印度公司史》［*The East India Company: A History*（London：Longman，1993）］。吉尔斯·弥尔顿（Giles Milton）的《纳撒尼尔的肉豆蔻：一个人的勇气如何改变了历史进程》［*Nathaniel's Nutmeg: How*

One Man's Courage Changed the Course of History（London：Spectre，1999）]对早期的公司进行了极为有趣的描述。

关于南海公司的闹剧，最吸引人的是一位美国学者的小说《一纸阴谋》[A Conspiracy of Paper：A Novel（New York：Ballantine，2001）]，作者是大卫·利斯（David Liss）。更常规的描述是约翰·卡斯维尔（John Carswell）的《南海泡沫》[The South Sea Bubble（Palo Alto：Stanford University Press，1960）]。P. G. M. 迪金森（P. G. M. Dickson）的《英国的金融革命：公共信贷发展的研究（1688年至1756年）》[The Financial Revolution in England：A Study in the Development of Public Credit 1688-1756（Aldershot, Hampshire, U. K.：Gregg Revivals，1993 edition）]是一部顶尖水准的学术史著作。对约翰·劳的最佳介绍，是 H. 蒙哥马利·海德（H. Montgomery Hyde）的《约翰·劳：一个诚实冒险家的历史》[John Law：The History of an Honest Adventurer（London：Home & Van Thal，1948）]。关于金融恐慌的一般性历史记录，见查尔斯·金德尔伯格（Charles Kindelberger）的《狂躁、恐慌和崩溃：金融危机史》[Manias, Panics and Crashes：A History of Financial Crises（3d ed., New York：John Wiley，1996）]和尼尔·弗格森（Niall Ferguson）的《金钱关系：现代世界中的金钱和权力

(1700年至2000年)》[*The Cash Nexus: Money and Power in the Modern World 1700-2000* (London: Allen Lane, 2001)]。弗格森的两卷本罗斯柴尔德家族史——《罗斯柴尔德家族:金钱预言家(1798年至1848年)》[*The House of Rothschild: Money's Prophets 1798-1848* (New York: Penguin, 1999)]和《罗斯柴尔德家族:世界银行家(1849年至1999年)》[*The House of Rothschild: The World's Banker 1849-1999* (New York: Penguin, 2000)]——也是对欧洲的资本主义最好的概述之一。

阿曼德·布丁顿·杜波伊斯(Armand Budington DuBois)的《泡沫法案后的英国商业公司(1720年至1800年)》[*The English Business Company after the Bubble Act 1720-1800* (New York: Octagon Books, 1971)]记录了一项灾难性立法的影响。未来会有某位历史学家写出一本关于十九世纪英国股份制公司的是是非非的好书。但在此之前,以下书籍是有用的参考文献:查尔斯·金德伯格的《西欧金融史》[*A Financial History of Western Europe* (Oxford: Oxford University Press, 1993)]、L. C. B. 高尔(L. G. B. Gower)的《现代公司法的原则》[*The Principles of Modern Company Law* (London: Stevens and Sons, 1954)]、詹姆斯·杰弗里斯(James Jefferys）的《1856年至1914年的英国商业组织》［*Business Organizations in Great Britain 1856–1914* (New York: Arno Press, 1977)］，以及P. L. 柯特瑞尔（P. L. Cottrell）的《1830年至1914年的工业金融：英国制造业的金融和组织》［*Industrial Finance 1830–1914: The Finance and Organization of English Manufacturing Industry* (London: Methuen, 1980)］。

当然，阿尔弗雷德·钱德勒是美国大企业兴起的最杰出记录者。另一个角度的观察，请参见威廉·罗伊（William Roy）的《资本社会化：美国大型工业企业的崛起》［*Socializing Capital: The Rise of the Large Industrial Corporation in America* (Princeton: Princeton University Press, 1997)］和查尔斯·佩罗（Charles Perrow）的《组织美国：财富、权力和企业资本主义的起源》［*Organizing America: Wealth, Power and the Origins of Corporate Capitalism* (Princeton: Princeton University Press, 2002)］。塞缪尔·P. 海斯（Samuel P. Hays）的《对1885年至1914年期间工业主义的回应》［*The Response to Industrialism 1885–1914* (Chicago: University of Chicago Press, 1957)］对社会适应大企业的努力进行了经典的简短描述。其他有用的作品（几乎是从大量关于这个主题的文献中随意挑选出来的）包括奥利维尔·祖兹（Olivier Zunz）的《1870

年至1920年美国的企业化》[*Making America Corporate, 1870-1920* (Chicago: University of Chicago Press, 1990)]、纳奥米·拉莫雷奥兹 (Naomi Lamoreauz) 的《1895年至1904年美国大型商业兼并运动》[*The Great Merger Movement in American Business, 1895-1904* (Cambridge: Cambridge University Press, 1985)]、理查德·泰德洛 (Richard Tedlow) 的《企业巨人：七个商业创新者及其建立的帝国》[*Giants of Enterprise: Seven Business Innovators and the Empires They Built* (New York: Harper-Business, 2001)]。罗恩·切尔诺 (Ron Chernow) 的两本书《企业巨人：约翰·D. 洛克菲勒的一生》[*Titan: The Life of John D. Rockefeller* (New York: Random House, 1998)] 和《摩根家族：美国银行业王朝和现代金融的兴起》[*The House of Morgan: An American Banking Dynasty and the Rise of Modern Finance* (New York: Atlantic Monthly Press, 1990)] 记录了大企业崛起过程中的两个重要人物。

阿尔弗雷德·钱德勒的《规模与范围：工业资本主义的动力》也是对公司在英国和德国崛起的最好介绍。莱斯利·汉娜的《企业经济的崛起》[*The Rise of The Corporate Economy* (London: Methuen, 1983)] 是研究英国不可或缺的资料来源。马丁·维纳 (Martin J. Wiener) 的《英国文化与工业精神的衰落》[*English Culture and the Decline of the Industrial Spirit* (Cambridge: Cambridge University Press, 1981)] 阐述了公司未能在英国兴起的原因。托马斯·麦克劳主编的《创造现代资本主义：企业家、公司和国家如何在三次工业革命中获胜》中的相关文章介绍了德国和日本企业的发展。也可参阅青木正彦（Masahiko Aoki）和罗纳德·多尔（Ronald Dore）的《日本公司》[*The Japanese Firm* (New York: Oxford University Press, 1994)]。

关于阿尔弗雷德·斯隆最好的资料来源是《阿尔弗雷德·斯隆：我在通用汽车公司的岁月》[*Alfred Sloan: My Years with General Motors* (Garden City, N.Y.: Doubleday, 1963)]，这是有史以来最好的管理类书籍之一。托马斯·麦克劳的《1920年至2000年的美国商业：如何运作》[*American Business, 1920-2000: How It Worked* (Wheeling, ILL.: Harlan Davidson, 2000)] 是一本极好的入门作品。另见他的经典之作《管制先知：查尔斯·弗朗西斯·亚当斯、路易斯·布兰代斯、詹姆斯·兰迪斯、阿尔弗雷德·卡恩》[*Prophets of Regulation: Charles Francis Adams, Louis Brandeis, James Landis, Alfred Kahn* (Cambridge, Mass.: Belknap Press, 1984)]。

关于放松公司管制的文献很多，可以通过阅读这一时期出版的任何一本商业杂志找到有趣的见解。在此随机选取若干有亮点的作品：迈克尔·詹森（Michael Jensen）的"公共企业的衰败"['Eclipse of the Public Corporation', *Harvard Business Review* (September/October 1989)]；丹尼尔·琼斯（Daniel Jones）、詹姆斯·沃马克（James Womack）和丹尼尔·鲁斯（Daniel Roos）合著的《改变世界的机器：精益生产的故事》[*The Machine That Changed the World: The Story of Lean Production* (New York: Rawson Associates, 1990)]；安纳利·萨克森尼安（Annalee Saxanian）的《区域优势：硅谷及128号公路的文化和竞争》[*Regional Advantage: Culture and Competition in Silicon Valley and Route 128* (Cambridge, Mass.: Harvard University Press, 1994)]；玛丽娜·惠特曼（Marina Whitman）的《新世界，新规则：美国公司不断变化的角色》[*New World, New Rules: The Changing Role of the American Corporation* (Boston: Harvard Business School Press, 1999)]；尼汀·诺赫里亚（Nitin Nohria）、戴维斯·戴尔（Davis Dyer）以及弗雷德里克·达尔泽尔（Frederick Dalzell）合著的《改变命运：重塑工业公司》[*Changing Fortunes: Remaking the Industrial Corporation* (New York: John Wiley, 2002)]。

对跨国公司最有见地的评论来自已故的雷蒙德·弗农。

可参阅他的《海湾主权》[*Sovereignty at Bay* (New York: Basic Books, 1977)] 和《身处飓风眼:跨国企业将遇到的麻烦》[*In the Hurricanes Eye: The Troubled Prospects of Multinational Enterprises* (Cambridge, Mass.: Harvard University Press, 1998)]。查尔斯·威尔逊的任何一部作品都值得一读(尽管他的一些最好的作品被隐藏在晦涩的学术文集之中)。就跨国公司这一主题,米拉·威尔金斯(Mira Wilkins)主编了两本有益的文集。她还就美国跨国公司著有一本标杆之作:《跨国企业的出现》[*The Emergence of Multinational Enterprise* (Cambridge, Mass.: Harvard University Press, 1970)]。对英国跨国公司最好的介绍,参见由杰弗里·琼斯(Geoffrey Jones)主编的《英国跨国公司:起源、管理和表现》[*British Multinationals: Origins, Management and Performance* (Aldershot, Hampshire, U. K.: Gower, 1986)]。

注 释*

导 言 乌托邦有限公司

1. K. Theodore Hoppen, *The Mid-Victorian Generation, 1846–1886*, New Oxford History of England (Oxford: Clarendon Press, 1998).
2. Quoted in Jack Beatty, ed., *Colossus: How the Corporation Changed America* (New York: Broadway Books, 2001), 18. See also Stephen Innes, *Creating the Commonwealth: The Economic Culture of Puritan New England* (New York: Norton, 1995), 206–9, 212–14.
3. A. V. Dicey, *Law and Opinion in England* (London: Macmillan, 1920), 245.
4. Anthony Trollope, *The Way We Live Now* (New York: Penguin Books, 2002), 78.
5. Thomas McCraw, *American Business 1920–2000: How It Worked* (Wheeling, Ill.: Harlan Davidson, 2000), 47.
6. James Watson, ed., *Golden Arches East: McDonald's in East Asia* (Stanford: Stanford University Press, 1998).
7. This happened among others to Peter Verhoef, the commander of one Dutch East Indies fleet, who was lured into a spot on the island of Neira by the Bandanese, and duly slaughtered with forty of his men.
8. Douglas North and R. P. Thomas, *The Rise of the Western World* (Cambridge: Cambridge University Press, 1973); Nathan Rosenberg and L. E. Birdzell, *How the West Grew Rich: The Economic Transformation of the Industrial World* (New York: Basic Books, 1986).
9. Rosenberg and Birdzell, *How the West Grew Rich*, 190.
10. Ibid., 22–32.
11. In 1998 (the last year for which figures are available), companies accounted for around 90 percent of the sales and receipts reported by American businesses.

---

* 注释中所标的页码为英文原书页码,即本书边码。

第一章 商人和垄断者

1. Jonathan Barron Baskin and Paul J. Miranti, *A History of Corporate Finance* (Cambridge: Cambridge University Press, 1997), 29.
2. Quoted in Peter Jay, *Road to Riches* (London: Weidenfeld & Nicolson, 2000), 49.
3. Karl Moore and David Lewis, *Foundations of Corporate Empire* (London: Financial Times/Prentice Hall, 2001), 33.
4. Ibid., 67.
5. Ibid., 97.
6. A.H.M. Jones, *The Roman Economy: Studies in Ancient Economic and Administrative History* (Oxford: Basil Blackwell, 1974).
7. Quoted in Oscar Handlin and Mary Handlin, 'Origins of the American Business Corporation,' in Frederic Lane (ed.), *Enterprise and Secular Change* (Homewood, Ill.: Richard Irwin, 1953).
8. M. Rostovtzeff, *Social and Economic History of the Roman Empire* (Oxford: Oxford University Press, 1926), 160.
9. Richard Duncan-Jones, *The Economy of the Roman Empire: Quantitative Studies* (Cambridge: Cambridge University Press, 1977), 33.
10. Timur Koran, 'The Islamic Commercial Crisis: Institutional Roots of Economic Underdevelopment in the Middle East,' University of Southern California Research Paper, available at http://papers2.ssrn.com/paper.taf?pip_jrnl=276635.
11. Fernand Braudel, *Civilization and Capitalism, 15th–18th Century.* Vol. II: *The Wheels of Commerce* (New York: Harper & Row, 1982), 434.
12. Baskin and Miranti, *A History of Corporate Finance*, 50.
13. Figure quoted in Howard Means, *Money and Power: The History of Business* (New York: John Wiley, 2001), 36.
14. Baskin and Miranti, *A History of Corporate Finance*, 43–44.
15. Most of the information about Datini comes from Iris Origo's excellent *The Merchant of Prato: Daily Life in a Medieval Italian City* (London: Penguin, 1992).
16. Ibid., 81.
17. Quoted in ibid., 110.
18. Braudel, *The Wheels of Commerce*, 437.
19. Eileen Power, *The Wool Trade in English Medieval History* (Oxford: Oxford University Press, 1942, 1955), 96–103.

第二章 帝国主义者和投机分子

1. Fernand Braudel, *The Wheels of Commerce*, 440.
2. Jack Beatty, ed., *Colossus: How the Corporation Changed America*, 6.
3. Quoted in Beatty, *Colossus*, 6–8.

4. Quoted in Giles Milton, *Nathaniel's Nutmeg: How One Man's Courage Changed the Course of History* (London: Spectre, 1999), 35.
5. Quoted in ibid., 139.
6. Braudel, *The Wheels of Commerce*, 443.
7. John Keay, *The Honourable Company: A History of the English East India Company* (New York: Macmillan, 1991), xxii.
8. Quoted in Milton, *Nathaniel's Nutmeg*, 91.
9. K. N. Chaudhuri, *The English East India Company: The Study of an Early Joint-Stock Company, 1600–1640* (New York: Reprints of Economic Classics, Augustus M. Kelley, Bookseller, 1965), 208–11.
10. Keay, *The Honourable Company*, 113.
11. Ibid., 113.
12. Chaudhuri, *East India Company*, 111–39.
13. Ibid., 140–72.
14. Baskin and Miranti, *A History of Corporate Finance*, 78.
15. Thomas McCraw, ed., *Creating Modern Capitalism: How Entrepreneurs, Companies and Countries Triumphed in Three Industrial Revolutions* (Cambridge, Mass.: Harvard University Press), 59.
16. Saul David, *The Indian Mutiny 1857* (London: Viking, 2002).
17. Niall Ferguson, *The Cash Nexus: Money and Power in the Modern World 1700–2000* (London: Allen Lane, 2001), 310–15.
18. Quoted in P.G.M. Dickson, *The Financial Revolution in England: A Study in the Development of Public Credit in England 1688–1756* (Aldershot, Hampshire, U.K.: Gregg Revivals, 1993), 84.
19. Ibid., 72.
20. For a readable account of the South Sea Bubble, see David Liss, *A Conspiracy of Paper: A Novel* (New York: Ballantine, 2001).
21. Dickson, *The Financial Revolution in England*, 118.
22. Ibid., 112–14.
23. Ibid., 90.
24. Ferguson, *The Cash Nexus*, 118.
25. Dickson, *The Financial Revolution in England*, 90.
26. Both quoted in Anthony Sampson, *Company Man: The Rise and Fall of Corporate Life* (New York: Times Business, 1995), 17.
27. Quoted in Lawrence James, *Raj: The Making and Unmaking of British India* (London: Abacus, 1998), 49.
28. Beatty, *Colossus*, 18.
29. Stephen Innes, 'From Corporation to Commonwealth,' in ibid., 18.
30. Adam Smith, *An Inquiry into the Nature and Causes of the Wealth of Nations*, vol. 2 (New York: Oxford University Press, 1976), 733. He details the shortcomings of chartered companies on pp. 733–58.

31. K. N. Chaudhuri, *The Trading World of Asia and the English East India Company* (Cambridge: Cambridge University Press, 1978), 454.
32. Ann Carlos and Stephen Nicholas, 'Giants of an Earlier Capitalism: The Chartered Trading Companies as Modern Multinationals,' *Business History Review* 62 (Autumn 1988): 398–419.
33. Keay, *The Honourable Company*, 170.
34. Quoted in Sampson, *Company Man*, 19.

第三章 漫长且痛苦的诞生

1. Paul Langford, *A Polite and Commercial People: England 1727–1783* (Oxford: Oxford University Press, 1989), 396ff.
2. Quoted in William Roy, *Socializing Capital: The Rise of the Large Industrial Corporation in America* (Princeton: Princeton University Press, 1997), 53.
3. Langford, *A Polite and Commercial People*, 396ff.
4. Armand Budington DuBois, *The English Business Company after the Bubble Act 1720–1800* (New York: Octagon Books, 1971).
5. Charles Kindleberger, *A Financial History of Western Europe* (Oxford: Oxford University Press, 1993).
6. Hugh Thomas, *The Slave Trade* (New York: Simon & Schuster, 1997), 225.
7. Ibid., 294.
8. Leslie Hannah, *The Rise of the Corporate Economy* (London: Methuen, 1983), 19.
9. Howard Means, *Money and Power: The History of Business* (New York: John Wiley, 2001), 101.
10. Charles Perrow, *Organizing America: Wealth, Power and the Origins of Corporate Capitalism* (Princeton: Princeton University Press, 2002), 33.
11. Roy, *Socializing Capital*, 49.
12. Handlin and Handlin, 'Origins of the American Business Corporation,' 119–20.
13. Roy, *Socializing Capital*, 46.
14. Ibid., 54.
15. Charles Freedeman, *Joint-Stock Enterprise in France 1807–1867: From Privileged Company to Modern Corporation* (Chapel Hill: University of North Carolina Press, 1979).
16. P. L. Cottrell, *Industrial Finance 1830–1914: The Finance and Organization of English Manufacturing Industry* (London: Methuen, 1980), 42.

17. Ibid., 43.
18. Kindleberger, *A Financial History of Western Europe*, 195.
19. Baskin and Miranti, *A History of Corporate Finance*, 136.
20. Ibid., 152.
21. Ruth Dudley Edwards, *The Pursuit of Reason* (London: Hamish Hamilton, 1993), 90.
22. L.C.B. Gower, *The Principles of Modern Company Law* (London: Stevens and Sons, 1954), 41–42.
23. James Jefferys, *Business Organization in Great Britain 1856–1914* (New York: Arno Press, 1977), 20–21.
24. Ibid., 41.
25. Quoted in Andrew Gamble and Gavin Kelly, 'The Politics of the Company,' in John Parkinson, Andrew Gamble, and Gavin Kelly, *The Political Economy of the Company* (Oxford: Hart, 2000), 32.
26. Freedeman, *Joint-Stock Enterprise in France 1807–1867*, 132–33.
27. We are indebted to Dr. Simon Green of All Souls College for this insight.
28. Robert Lowe's speech on March 13, 1866, in G. M. Young and W. D. Handcock, eds., *English Historical Documents 1833–1874*, vol. 12, part 1 (New York: Oxford University Press, 1956), 165.
29. Gower, *The Principles of Modern Company Law*, 48.
30. Nicholas Crafts, 'Institutional Quality and European Development Before and After the Industrial Revolution,' paper for the World Bank, Washington, D.C., July 2000.
31. We are grateful to Leslie Hannah for this observation.
32. Quoted in Cottrell, *Industrial Finance 1830–1914*, 58.
33. Cottrell, *Industrial Finance 1830–1914*, 55.
34. See Gamble and Kelly, 'The Politics of the Company.'
35. Quoted in Sampson, *Company Man*, 26.

第四章　商业巨无霸在美国的兴起

1. Quoted in Alfred Chandler, *Scale and Scope: The Dynamics of Industrial Capitalism* (Cambridge, Mass.: Harvard University Press, 1990), 61.
2. Alfred Chandler, *The Visible Hand: The Managerial Revolution in American Business* (Cambridge, Mass.: Harvard University Press, 1977), 17.
3. Michael Leapman, *The World for a Shilling: How the Great Exhibition of 1851 Shaped a Nation* (London: Headline, 2001), 129.
4. Chandler, *Scale and Scope*, 47.
5. Richard Tedlow, *Giants of Enterprise: Seven Business Innovators*

and the Empires They Built (New York: HarperBusiness, 2001), 66.
6. See Chandler, *The Visible Hand*, 80–144.
7. Chandler, *Scale and Scope*, 53.
8. Chandler, *The Visible Hand*, 92.
9. Charles R. Geisst, *Wall Street: A History* (New York: Oxford University Press, 1997), 70.
10. Roy, *Socializing Capital*, 108.
11. Baskin and Miranti, *A History of Corporate Finance*, 150.
12. Chandler, *The Visible Hand*, 204–5.
13. See ibid., 209–39.
14. John Micklethwait and Adrian Wooldridge, *A Future Perfect* (London: Random House Business, 2001).
15. Quoted in Tedlow, *Giants of Enterprise*, 58.
16. Chandler, *The Visible Hand*, 280.
17. See ibid., 285–379.
18. Ron Chernow, *Titan: The Life of John D. Rockefeller, Sr.* (New York: Random House, 1998), 150–51.
19. Ibid., 332.
20. Ibid., 430.
21. Jonathan Rowe, 'Reinventing the Corporation,' *Washington Monthly* (April, 1996).
22. Tedlow, *Giants of Enterprise*, 59.
23. Thomas McCraw, 'American Capitalism,' in McCraw, ed., *Creating Modern Capitalism*, 320.
24. Tedlow, *Giants of Enterprise*, 421–22.
25. Baskin and Miranti, *A History of Corporate Finance*, 178–79.
26. James P. Young, *Reconsidering American Liberalism: The Troubled Odyssey of the Liberal Idea* (Boulder: Westview, 1996), 130.
27. Sampson, *Company Man*, 27.
28. Geisst, *Wall Street*, 131.
29. Samuel P. Hays, *The Response to Industrialism 1885–1914* (Chicago: University of Chicago Press, 1957), 54.
30. Roland Marchand, *Creating the Corporate Soul: The Rise of Public Relations and Corporate Imagery in American Big Business* (Berkeley: University of California Press, 1998), 1–87.
31. E. Digby Baltzell, *An American Business Aristocracy* (New York: Free Press, 1962), 135.
32. Ibid., 120.
33. Tedlow, *Giants of Enterprise*, 104.

第五章　英国、德国和日本商业巨头的崛起

1. Hannah, *The Rise of the Corporate Economy*, 17.
2. Ibid., 1.
3. Chandler, *Scale and Scope*, 313.
4. George Orwell, *The Road to Wigan Pier* (Harmondsworth, U.K.: Penguin, 1962), 140.
5. Martin J. Wiener, *English Culture and the Decline of the Industrial Spirit, 1850–1980* (Cambridge: Cambridge University Press, 1981), 131.
6. Quoted in Neil McKendrick, 'General Introduction' to R. J. Overy, *William Morris, Viscount Nuffield* (London: Europa Publications, 1976), xl.
7. J. B. Priestley, *English Journey* (London: Heinemann, 1934), 64.
8. Michael Sanderson, *The Universities and British Industry, 1850–1970* (London: Routledge and Kegan Paul, 1972), 282–83.
9. Gordon Roderick and Michael Stephens, 'The British Educational System,' in Gordon Roderick and Michael Stephens, eds., *The British Malaise: Industrial Performance, Education and Training in Britain Today* (Barcombe, Sussex, U.K.: Falmer Press, 1982).
10. Sanderson, *Universities and British Industry*, 282–83.
11. Quoted in Sampson, *Company Man*, 59.
12. Leslie Hannah, 'Marshall's Trees and the Global Forest: Were Giant Redwoods Different?,' in Naomi Lamoreaux, Daniel Raff, and Peter Tremin, eds., *Markets, Firms and Countries* (Chicago: University of Chicago Press, 1999), 265.
13. Leslie Hannah, 'The American Miracle, 1875–1950 and After: A View in the American Mirror,' *Business and Economic History* 24, no. 2 (Winter 1994).
14. Charles Wilson, 'Multinationals, Management and World Markets: A Historical View,' in Harold Williamson, ed., *Evolution of International Management Structures* (Newark, Del.: University of Delaware Press, 1975), 209.
15. McCraw, *American Business 1920–2000*, 48.
16. Chandler, *Scale and Scope*, 423.
17. Jeffrey Frear, 'German Capitalism,' in McCraw, ed., *Creating Modern Capitalism*, 142–43.
18. Ibid., 165.
19. A. E. Twentyman, 'Note on the Earlier History of the Technical High Schools in Germany,' Board of Education, *Special Report on Educational Subjects. Vol. 9: Education in Germany* (London: His Majesty's Stationery Office, 1902), 465.

20. Peter Drucker, *Post-Capitalist Society* (London: Butterworth Heinemann, 1993), 33.
21. R. B. Haldane, 'Great Britain and Germany: A Study in Education,' in *Education and Empire: Addresses on Certain Topics of the Day* (London, 1902), 28.
22. Frear, 'German Capitalism,' 140.
23. Ibid., 145–46.
24. Chandler, *Scale and Scope*, 500.
25. Frear, 'German Capitalism,' 144.
26. Jeffrey Bernstein, 'Japanese Capitalism,' in McCraw, ed., *Creating Modern Capitalism*, 447–48.
27. Francis Fukuyama, *Trust: The Social Virtues and the Creation of Prosperity* (London: Penguin, 1996), 162.
28. Sampson, *Company Man*, 33.
29. Bernstein, 'Japanese Capitalism,' 460.
30. Moore and Lewis, *Foundations of Corporate Empire*, 248.

第六章 管理资本主义的胜利

1. Hannah, 'Marshall's Trees and the Global Forest,' 58.
2. Baltzell, *An American Business Aristocracy*, 449.
3. Alfred Sloan, *My Years with General Motors* (Garden City, N.Y.: Doubleday, 1963).
4. Tedlow, *Giants of Enterprise*, 171.
5. John Byrne, *The Whiz Kids: Ten Founding Fathers of American Business – and the Legacy They Left Us* (New York: Doubleday Currency, 1993), 106.
6. Tedlow, *Giants of Enterprise*, 174.
7. Chandler, *Scale and Scope*, 207.
8. McCraw, *American Business 1920–2000*, 24.
9. Chandler, *Scale and Scope*, 177.
10. McCraw, *American Business 1920–2000*, 48.
11. Sampson, *Company Man*, 41.
12. Ibid., 71–73.
13. Quoted in Milton, *Nathaniel's Nutmeg*, 137.
14. Peter Drucker, *The Concept of the Corporation* (New York: Mentor, 1983), 78.
15. Ibid., 132.
16. Robert Averitt, *The Dual Economy: The Dynamics of American Industry Structure* (New York: Norton, 1968).
17. Chandler, *Scale and Scope*, 609.
18. Baskin and Miranti, *A History of Corporate Finance*, 242.

19. Robert Reich, *The Future of Success* (New York: Knopf, 2001), 71.
20. Company Man's best biographer is Anthony Sampson, though he would not claim to have invented the phrase; Organization Man was the creation of William H. Whyte.

第七章　公司悖论

1. Daniel Yergin and Joseph Stanislaw, *The Commanding Heights: The Battle Between Government and the Marketplace That Is Remaking the Modern World* (New York: Simon & Schuster, 1998), 60–64.
2. Ibid., 114.
3. Ibid., 285–89.
4. Nitin Nohria, Davis Dyer, and Frederick Dalzell, *Changing Fortunes: Remaking the Industrial Corporation* (New York: John Wiley, 2002), 4.
5. Ibid., 24.
6. Tom Stewart, *The Wealth of Knowledge* (London: Nicholas Brealey, 2002), 8.
7. George Baker and Thomas Hubbard, 'Make versus Buy in Trucking,' Harvard Business School Working Paper.
8. Fernando Flores and John Gray, *Entrepreneurship and the Wired Life* (London: Demos, 2000), 13.
9. 'Special Report: Car Manufacturing,' *Economist*, February 23, 2002.
10. Bill Emmott, *Japanophobia: The Myth of the Invincible Japanese* (New York: Times Books, 1992), 25.
11. Ibid., 41.
12. Michael Porter, Hirotaka Takeuchi, and Mariko Sakakibara, *Can Japan Compete?* (London: Macmillan, 2000), 69.
13. Ibid., 77.
14. Nohria, Dyer, and Dalzell, *Changing Fortunes*, 187.
15. Bennett Stewart and David Glassman, quoted in Michael Jensen, 'The Eclipse of the Public Corporation,' *Harvard Business Review* (October 1989).
16. George P. Baker and George David Smith, *The New Financial Capitalists: Kohlberg Kravis Roberts and the Creation of Corporate Value* (Cambridge: Cambridge University Press, 1998).
17. Susan Faludi, 'Reckoning at Safeway,' in Beatty, ed., *Colossus*, 406.
18. Baskin and Miranti, *A History of Corporate Finance*, 295.
19. Robert Monks, *The New Global Investors* (Oxford: Capstone, 2001), 69.
20. The classic account of this is AnnaLee Saxenian, *Regional Advantage: Culture and Competition in Silicon Valley and Route 128*

(Cambridge, Mass.: Harvard University Press, 1994).
21. Joint Venture Silicon Valley, 2002 Index, see: http://www.joint-venture.org/resources/2002Index/index.html.
22. Frances Cairncross, *The Company of the Future* (Boston: Harvard Business School Press, 2002), 4.
23. Tedlow, *Giants of Enterprise*, 385.
24. John Byrne, *Chainsaw: The Notorious Career of Al Dunlap in the Era of Profit-at-Any-Price* (New York: HarperBusiness, 1999), 27.
25. Nicholas Lemann, 'Letter from Philadelphia,' *New Yorker*, June 5, 2000.
26. Quoted in Sampson, *Company Man*, 217.
27. Nicholas Varchaver, 'Who's the King of Delaware?,' *Fortune*, May 13, 2002.
28. In 1983, Americans who were between twenty-five and thirty-four had spent a median 3 years with the same employer; by 1996, the figure was 2.8 years. In the thirty-five to forty-four age group, the figure actually rose from 5.2 years in 1983 to 5.3 in 1996, though the figures fell again for older age groups, with the median tenure for the fifty-five to sixty-four age group dropping from 12.2 years to 10.2 years.
29. Stewart, *The Wealth of Knowledge*, 27.
30. http://www.britishchambers.org.uk/cutredtape/burdensbarometer2.htm.
31. Thomas Hopkins, of the Rochester Institute of Technology.
32. Gerald Seib and John Harwood, 'Rising Anxiety: What Could Bring 1930s-Style Reform of U.S. Businesses,' *Wall Street Journal*, July 25, 2002.
33. Quoted in David Leonhardt, 'The Imperial Chief Executive Is Suddenly in the Cross Hairs,' *New York Times*, June 24, 2002.
34. Daniel Kadlec, 'WorldCon,' *Time*, July 8, 2002.

第八章 影响之源：跨国公司

1. Charles Wilson, 'The Multinational in Historical Perspective' in K. Nakagawa, ed., *Strategy and Structure in Big Business* (Tokyo, 1974), 270.
2. Ibid., 271.
3. Ibid., 274.
4. Geoffrey Jones, ed., *British Multinationals: Origins, Management and Performance* (Aldershot, Hampshire, U.K.: Gower, 1986), 4.
5. Ibid., 4.
6. Ibid., 7.

7. The phrase 'free-standing companies' was coined by Mira Wilkins. See Mira Wilkins, 'European and North American Multinationals, 1870-1914: Comparisons and Contrasts,' *Business History* 30 (1988): 15-16.
8. Jones, *British Multinationals*, 13.
9. Wilkins, 'European and North American Multinationals,' 21.
10. Ibid., 25.
11. Ibid., 27-28.
12. Mira Wilkins, 'Japanese Multinationals,' *Business History Review* 60 (1986): 207.
13. Ibid., 209.
14. Ibid., 218.
15. Ibid., 221.
16. Ibid., 222.
17. Chandler, *The Visible Hand*, 369.
18. Chandler, *Scale and Scope*, 200.
19. Jones, *British Multinationals*, 5.
20. Sampson, *Company Man*, 143.
21. Paul Doremus et al., *The Myth of the Global Corporation* (Princeton: Princeton University Press, 1998), 8.
22. Quoted in Yves Doz et al., *From Global to Metanational: How Companies Win in the Knowledge Economy* (Boston: Harvard Business School Press, 2001), 63.
23. Peter Drucker, *The New Realities* (London: Heinemann, 1989), 119.
24. Doz et al., *From Global to Metanational*, 13.
25. These statistics all come from 'How Big Are Multinational Companies?,' a paper released in January 2002 by Paul de Grauwe, of the University of Leuven, and Filip Camerman, of the Belgian Senate.
26. Quoted in Langford, *A Polite and Commercial People*, 534.
27. The Casement Report can be found online at: http://web.jjay.cuny.edu/~jobrien/reference/ob73.html.
28. Clive Crook, 'A Survey of Globalisation,' *Economist*, Septem-ber 27, 2001, 15.
29. Wilson, 'The Multinational in Historical Perspective,' 297.

结 语 公司的未来

1. Woodrow Wilson, *The New Freedom* (New York: Doubleday, 1913).
2. This is a phrase borrowed from Leslie Hannah.
3. Fariborz Ghadar and Pankaj Ghemawat, 'The Dubious Logic of Global Megamergers,' *Harvard Business Review* 78, no. 4 (July-August 2000).

4. Reich, *The Future of Success*, 84–85.
5. See Reinier Kraakman, 'The Durability of the Corporate Form,' in Paul DiMaggio, ed., *The Twenty-first Century Firm: Changing Economic Organization in International Perspective* (Princeton: Princeton University Press, 2001), 147–60.
6. Leslie Hannah, 'The Moral Economy of Business: A Historical Perspective on Ethics and Efficiency,' in Paul Burke, Brian Harrison, and Paul Slack, eds., *Civil Histories: Essays Presented to Sir Keith Thomas* (Oxford: Oxford University Press, 2000).

Quotation from 'A Cooking Egg' from *Collected Poems, 1909–1962* by T. S. Eliot (London: Faber and Faber).

索引[*]

Aberdeen Harbour Board, 23
Abrams, Frank, 117
accounting, 18, 120, 143-4, 151
   in ancient Rome, 15
   railroad companies and, 65
   recent scandals in, 143-4, 149-50
acquisitions, see mergers and acquisitions
Adams, Charles Francis, 75
Adams, Henry, 173
Adelphia, 150, 151
Advantage of Poverty, The (Carnegie), 64
advertising, 91, 107
Africa, 154, 159, 160-1
'agency' problem, 43, 111-12, 151
Airbus, 177
American Challenge, The (Servan-Schreiber), 119, 164
American Federation of Labor (AFL), 76-7
American Fur Company, 63
American Invaders, The (Mackenzie), 171
American Tobacco Company, 70, 78, 90
Andersen Consulting, 143-4
Anderson, Richard, 140
antiglobalization, 137, 168-9, 174
antitrust law, 63, 72, 73, 76-8, 93, 177
AOL Time Warner, 150

Apple Computer, 140
Arabs, 15-16
Arkwright, Richard, 47
Arthur Andersen, 143, 150
Asea Brown Boveri (ABB), 168
assembly line production, 68-9
Astor, John Jacob, 51, 62-3
AT&T, 112, 124
Athens (ancient), 13-14
auditing, 58, 75, 151

Babbitt (Lewis), 109
Bacon, Francis, 27
Bagehot, Walter, 56
Baldrige Prize, 131
Baltzell, Digby, 103
Bank of England, 39, 59
Bank of North America, 50
bankruptcy, 18, 59, 65, 66, 124, 126, 150-1
banks, 28-9, 58, 65, 73, 116
   in eighteenth-century France, 37, 38, 39
   in Imperial Germany, 94-5
   in Renaissance Italy, 18-20, 155
Banque Royale, 37, 38, 39
Barlow, John Perry, 139
Belgian Congo, 171
Berle, Adolf, 111, 112
Bird, Mostyn, 89
Bismarck, Otto von, 96
Black Friday (1866), 59
Black Thursday (1873), 65

---

[*] 索引中所标的页码为英文原书页码，即本书边码。

Blackstone, William, 14
Blair, Tony, 146
Blunt, John, 39
Boeing, 182
bonds, 51, 66, 137
  government, 51
  junk, 135
  of railroad companies, 66
Borsig, August, 97
Boston Tea Party, 35
Boulton & Watt, 48–9
Brandeis, Louis, 77
brand management, 107
Brassey, Thomas, 156
Braudel, Fernand, 29
Bristol University, 87
British East India Company, 25, 27, 29–36, 43, 53, 99, 155, 160, 169, 170, 177, 183
  administration of, 31–2, 35
  American tea monopoly of, 35
  collapse of, 29, 36
  founding of, 29–30
  in India, 33–6, 42, 43
  size and power of, 29, 31, 35
British Petroleum, 90
Brunel, Isambard Kingdom, 55
Brunner, J. T., 90
Burke, Edmund, 43
Burnham, James, 103
Bush, George H. W., 146
Bush, George W., 148
Bush (G. W.) administration, 150

Cabot, Sebastian, 26
Cadbury, George, 88
Cadbury chocolate, 84, 158
Cadbury family, 84
call options, 38
Calpers, 133–4
canal companies, 46, 50
Carnegie, Andrew, 64, 68, 74, 75, 76, 79
Carnegie Endowment, 80
Carnegie Steel, 74
Carousel of Fools, The (Hogarth), 40
cartels, 93–4
Carter, Jimmy, 124
Casement, Roger, 160, 170
chaebol, 132, 176
Chandler, Alfred, 64, 66
Charitable Corporation, 45
chartered companies, 25–44, 45, 155
  dangers of, 29
  description of, 27–9, 41–4
  financial speculation and, 29, 36–41
  used by early U.S. states, 49–51
  see also British East India Company; limited-liability joint stock companies
Chile, 165
China, Imperial, 15–17, 31, 35, 99, 160
China, People's Republic of, 123, 168, 180
Cisco, 128, 141
Civil Rights Act (1991), 146
civil servants, 43, 97
Clayton Antitrust Act (1914), 78
Clinton, Bill, 147, 148
Clive, Robert, 34–5, 42
Coase, Ronald, 111, 127, 175
Cobden, Richard, 56
Coca-Cola, 107, 148, 152
Coke, Edward, 41, 180
Colbert, Jean-Baptiste, 25
Coleman, Donald, 85
Colorado Fuel and Iron Company, 79
Columbus, Christopher, 25
Coming Up for Air (Orwell), 109

commandites par actions, 57
Commercial and Financial Chronicle, 65
communities of interest (*interessengemeinschaften*) (IGs), 94
compagnia, derivation of term, 18
Compagnie des Indes, 25, 34
companies:
 changing social role of, 143–5
 fictional portrayals of, 45, 51, 53, 55, 58, 69, 86, 89, 109, 138, 158, 161, 178, 183
 future of, 173–83
 government role in creation of, 22–4
 as legal entities, 14–15, 22, 72–3, 176
 in 1990s, 148–53
 political origins of, 60, 174
 premodern history of, 13–24
 social benefits of, 79–82
 types of, 102
 see also specific types
Companies Acts:
 mid-nineteenth century, 56, 57–8
 of 1985, 147
Company Man, 104, 138, 173–4
 assault on, 144–5
 in British East India Company, 43
 character of, 109–10, 119
 heyday of, 118–19
Company of Merchants Trading to Africa, 46
company servants, 97
company towns, 80–1, 88, 144–5, 171
Concept of the Corporation, The (Drucker), 113
concessionaire companies, 160, 170

Congo Free State, 160, 170
consortia, 24
conspicuous consumption, 64
consumer boycotts, 36
continuous improvement, 130
Cooke, Jay, 65
Cooper, Frances Darcy, 91
core competencies, 127, 176
Corn Laws, 56
corporate law:
 in ancient Rome, 14–15
 antitrust, 63, 72, 73–4
 chartered companies and, 41
 in early industrial age, 45–9
 in early U.S., 49–51
 in Imperial Germany, 95–6
 in Japan, 98
 in Middle Ages, 22–4
 in nineteenth century, 51–5
 in recent 'regulatory capitalist' era, 146–8
'corporate persons,' 22
corporate raiders, 135–6
corporate social responsibility, 79–82, 95, 111–14, 143–4, 178–83
corporate wealth, concentration of, 112, 116
corporatization, 122, 123
Corrosion of Character, The (Sennett), 145
creative destruction, 141
Crichton, Michael, 129–30
Cromwell, Oliver, 32–3
Crusades, 71

Dante Alighieri, 18
Darby, Abraham, 47
Datini, Francesco di Marco, 20–2, 62, 128, 154
debt financing, 136
decentralization, 105, 113, 117

Defense Department, U.S., 114, 140
Delaware, 73, 138, 145
Deming, W. Edwards, 130
Deming Prize, 130, 131
Depression, Great, 73, 107, 110, 126, 163
deregulation, 121, 122, 124, 167
Dickens, Charles, 51, 55
direct foreign investment, 130, 160 161, 163–4, 167
directorships, interlocking, 78
Discourse on Western Planting (Hakluyt), 26–7
diversified conglomerates, 120
dividend yields, 75, 86, 117
Docker, Bernard, 133
Dodge Brothers, 112
Dombey and Son (Dickens), 51, 55
double-entry bookkeeping, 18
Dow Chemical, 169
Dow Index, 107
Drake, Francis, 29
Dresdner Bank, 94
Drew, Daniel, 65
Drexel and Company, 73
Drexel Burnham Lambert, 137, 144
Drucker, Peter, 60, 96, 113–14, 117, 126, 130, 176
Duke, James Buchanan, 70, 90
Dunlap, Al, 144
Dunning, John, 157, 163
du Pont, Pierre, 104–5, 134
Du Pont Company, 86, 91–2, 106–7, 145
Durant, William, 104, 134
Dutch East India Company (VOC), 28, 33, 112

Eastman, George, 70, 82
eBay, 141

Ebbers, Bernard, 150
Economica, 111
Economist, 55, 58
economy of scale, 63, 100, 111
  Imperial Chinese state monopolies and, 16
  industrial integration and, 69–75
  in steel industry, 68–9
education, 96–7
Eisenhower, Dwight D., 114
Eldon, Lord, 53
Elements of Political Economy (Mill), 44
Eliot, George, 55
Eliot, T. S., 91
ENI, 115
Enron, 121, 124, 125, 128, 138, 139, 149, 152, 178, 180
equity financing, 136
equity trading, 75
Europe, as single market, 123
European Common Market, 119
European Union, 124, 146, 183
Exxon, 90, 169

Fairchild Semiconductor, 142
Fenton, Edward, 27, 149
Ferguson, Niall, 39
Fidelity, 134, 138
Fink, Albert, 65
First Bulgarian Insurance Company, 160
Flexner, Abraham, 87
Florence, 18–20, 21
Follett, Mary Parker, 108–9
Ford, Henry, 62, 69, 82, 105–6, 110, 112, 182
Ford Motor Company, 75, 105–6, 114, 128, 163, 167, 182
Fortune 500, 125
France, 19, 25, 29, 34, 36, 45, 53,

57, 59, 102, 159
free-standing companies, 158
free trade, 90, 157
Frick, Henry Clay, 76
Future of Industrial Man, The (Drucker), 113

Galbraith, John Kenneth, 118
Gama, Vasco da, 15, 25
Gary, Elbert, 74
Gaskell, Elizabeth, 48
Gates, Bill, 126
GDP, 169
General Agreement on Tariffs and Trade (GATT), 164
General Electric (GE), 73, 126, 141, 145, 162, 181
General Manufacturing Act (1848), 52
General Motors (GM), 104–6, 111, 113–14, 117, 120, 127, 131, 134, 142, 163, 176
Germany, 59, 155
  medieval guilds in, 22, 24
Germany, Federal Republic of (West Germany), 120, 132, 180
Germany, Imperial, 63, 83, 100, 157
  corporate nationalism in, 93–5
  mercantile houses of, 159
  rise of big business in, 92–7
Germany, Nazi, 96, 100, 114, 116, 163, 165
gigantism, 82, 115, 116
Gilbert and Sullivan, 58, 89, 183
Gillette, King, 103
Girard, Stephen, 51
Gladstone, William, 55, 57
Glaxo Wellcome, 128, 138
globalization, 67, 135, 166–7, 168–9, 174–5
Godkin, E. L., 79

Goizueta, Roberto, 148
Goldman Sachs, 148
Goldsmith, James, 135, 137
government bonds, 51
governments, 49, 114–15
  businessmen in, 115, 119
  chartered companies and, 25–44
  corporate identification with, 117
  in creation of modern companies, 22–4, 60
  deregulation and privatization by, 121–4
  future of company relationships with, 177–83
  nationalization by, 35, 41, 94, 115–16, 179
  reassertion of, 128, 146–8
  see also corporate law; state monopolies
Gramophone Company, 157
Great Britain, 17, 63, 65, 102, 115, 119, 127, 145, 146, 147, 159, 163
  chartered companies in, 27–44, 45–9
  deregulation and privatization in, 122–3
  multinational companies in, 155–9
  nineteenth-century corporate development in, 53–9
  rise of big business in, 83–9
Great Depression, 73, 107, 110, 126, 163
Greece (ancient), 13–14
Grove, Andy, 142
guilds, 14, 17, 22–4, 95, 98
Guinness, 89, 90
Gulf & Western, 120

Hakluyt, Richard, 26–7

Hanna, Mark, 79
Hanson Trust, 135, 136, 137
Harley-Davidson, 129, 131
Harrison, Charles Curtis, 81
Harvard Business School, 108, 136, 149
Harvard University, 49
Hastings, Warren, 35, 43
Hawthorne Works, 109
hedge funds, 134
Heinz, Henry J., 103, 110
Hershey Foods, 84
Hewlett-Packard (HP), 139–40, 141, 181
Heyrick, Elizabeth, 36
Hitler, Adolf, 163, 165
Hobhouse, Isaac, 47
Hobson, J. A., 171
Hogarth, William, 40
holding companies, 72–3
Homestead strike, 76
Hoover, Herbert, 108
hostile takeovers, 120, 138–9
Houtman, Cornelis de, 27
Howard, Ebenezer, 88
Hudson's Bay Company, 25

IBM, 110, 119, 126, 134, 144, 163, 178, 181
Icahn, Carl, 135
I. G. Farben, 94, 114
ImClone, 150
Imperial Chemical Industries (ICI), 90–2, 137
imperialism:
 of ancient Rome, 14
 chartered companies and, 25–44, 160–1
 corporate, 114–17
Imperial Tobacco, 84, 90
India, 15, 28, 31, 33–6, 42
Indonesia, 27

 see also British East India Company; Dutch East India Company
Inferno (Dante), 18
information-technology sector, 116
Insolvency Act (1986), 147
Insull, Samuel, 179
integrated industrial firms, 69–75
Intel, 141, 148
intellectual capital, 127–8
interlocking directorships, 78
International Harvester, 80, 162
In the Hurricane's Eye (Vernon), 168
Internet, 139, 140
investment managers, 138
Islam, 15–16
Italy, 102, 115, 155
 merchant empires of, 17–22
ITT, 120, 165, 169, 170

J&P Coats, 90, 157
Japan, 83, 102, 116, 119–20, 138, 140, 176, 180
 direct foreign investment by, 129, 160
 economic stagnation in, 132
 management theory in, 114, 130–3
 rise of big business in, 97–101
 in unbundling the corporation, 128–33
Jefferson, Thomas, 50
Jensen, Michael, 136
Jobs, Steve, 140
Johnson, Ross, 136
Johnson & Johnson, 181, 182
joint liability companies, 18, 21–2
joint stock companies, *see* limited-liability joint stock companies

Joint Stock Company Acts (1844 and 1856), 56, 57–8
Joseph, Keith, 122
junk bonds, 137
just-in-time manufacturing, 130

keiretsu, 99, 131, 132, 176
Keynes, John Maynard, 85
Kimberly-Clark, 144
knowledge workers, 113, 126–7, 176
Kohlberg Kravis Roberts (KKR), 136–7
Korea, Republic of (South Korea), 132, 176
Krupp, Alfred, 92, 95, 114

labor unions, 23, 63, 76–7, 88, 96, 118, 122, 137
laissez-faire capitalism, 75, 83
Lancaster, James, 27, 30
Latin America, 123, 154, 155, 159, 161, 163
Law, John, 36–9, 40, 53
layoffs, 110, 125, 126, 137, 144, 182
Lenin, V. I., 171
letters of exchange, 18
Lever, William, 88, 91, 157, 171
leveraged buyouts, 136–7, 138
Lever Brothers, 91
Levitt, Theodore, 166
Lewis, C. S., 86
Lewis, Sinclair, 109
lifetime employment, 100, 117, 121, 131, 132, 144–5, 180
Limited Liability Act (1855), 57
limited-liability joint stock companies:
  'agency' problem and, 43, 111–12, 151
  chartered companies as, 26, 27, 28, 45
  criticism of, 45–9, 75–8
  global dominance of, 121, 124
  inefficiency and, 43–4
  nineteenth-century law on, 53–5
  popularity of, 78–82
  unbundling of, 121, 124–33
  see also chartered companies
Lindbergh, Charles, 73
line production system, 68–9
Linux, 126
List, Friedrich, 93
Little, Arthur D., 108
Lloyds of London, 18
Locke, John, 170
London, 23, 26, 27, 29, 37, 40, 46, 133, 134
London, Corporation of, 23
London Stock Exchange, 59
Lonely Crowd, The (Riesman), 118
'long-termism,' 131
Lowe, Robert, 57–8, 60, 183
Luddism, 24
Lynch, Peter, 134

MacArthur, Douglas, 101, 131
McCallum, Daniel, 65
McClure's, 77
McCraw, Thomas, 106
McElroy, Neil, 107, 114
Mackenzie, F. A., 171
McKinley, William, 79
McKinsey, James, 108
McNamara, Robert, 114, 119
Madden, Samuel, 45
Magellan Fund, 134
magna societas, 22
management theory, 69, 106
  humanist vs. rationalist schools of, 108–9
  as industry, 143
  in Japan, 114, 130–1

objectives and, 117
managers, 102–20
　abuses of power by, 138, 149–51
　'agency' problem and, 43, 111–12, 151
　British approach to, 84–9, 158
　first large-scale use of, 64–5
　German respect for, 97
　in Japan, 99
　leveraged buyouts and, 138
　recent regulatory restrictions on, 147
　rise of, 103–10, 117–18
　as *über*-managerialists, 120
Manpower, 142
manufacturing, 67–9
Marco Polo, 15
marketing, 91–2, 108
market segmentation, 105
market share, 131, 175
Marshall Plan, 163
Martin Chuzzlewit (Dickens), 55
Martinez, Arthur, 125
Massachusetts Bank, 50
Massachusetts Company, 42
Matheson, Jardine, 158
Maugham, Somerset, 161
Mayo, Elton, 108
MBNA, 145
Means, Gardiner, 111, 112
Medici family, 19–20, 154
Memoirs of the Twentieth Century (Madden), 45
Memorandum of Association, 58
mercantile houses, 158–9
Merck, 127, 181
mergers and acquisitions, 104, 120, 124, 126, 144
　industrial integration and, 70
　1980s boom in, 136–8
　post-World War I boom in, 90–1
　stock promoters and, 73

Messier, Jean-Marie, 149
Michelbourne, Edward, 30
Michigan Supreme Court, 112
Microsoft, 167, 176, 178, 183
Middelhoff, Thomas, 149
Middlemarch (Eliot), 55
Milken, Michael, 137
Mill, James, 29, 44
Mill, John Stuart, 44, 56
Mills, Henry, 80
Ming dynasty, 17
miniaturization, 141
Ministry of Industry (Japanese), 99
Mississippi Company, 36–9
Mitsubishi, 99, 100
Mitsui, 100, 160
Modern Corporation and Private Property, The (Berle and Means), 111
Moluccan Spice Islands, 28, 31, 33
Mond, Alfred, 91
Mond, Ludwig, 90
money trust, 73, 78
monopolies, 37, 43, 72, 77–8
　British East India Company as, 30, 33, 36
　in early U.S., 49, 50
　in Germany, 93
　guilds as, 23
　of 'regulated companies,' 24
　state, 16, 32, 33, 36
Monorail Corporation, 175
Montgomery Ward, 61, 121, 125
Morgan, J. P., 94, 102, 112
　railroad consolidation by, 66
　trust era and, 71, 73, 74, 77–8
Morrison, Herbert, 115
Mortmain, Statute of (1279), 23
multidivisional structure, 90–1, 102–3, 104–8, 121
multinationals, 154–72
　as force for good, 169–71

history of, 155–61
as multicultural, 165–8
names for, 167
nation building by, 160–1, 172
number of, 166
oldest surviving, 25
rise of U.S.-based, 161–5
size of, 169
unpopularity of, 154–5, 168–9, 171–2
wages paid by, 170–1
Munich, University of, 97
Murdock, William, 49
Muscovy Company, 26
mutual funds, 133, 139

NASDAQ, 130
national champions, 115
national debt, U.S., 19
nationalization, 35, 41, 94, 115–16, 179
National Labor Union, 76
National System of Political Economy, The (List), 93
'Nature of the Firm, The' (Coase), 111
Nestlé, 159, 167
Netherlands, 30, 157
chartered companies of, 25–8
see also Dutch East India Company
networks, 176
New Deal, 102, 179
New Earswick, 88
New Industrial State, The (Galbraith), 118
New London Society for Trade and Commerce, 49
New York Insurance Company, 51
New York Stock Exchange, 50–1, 65, 73, 112, 134
Nikkei index, 130

Nixon, Richard M., 122
Nixon administration, 122, 140
Nobel, Alfred, 90
Nobel Prize, 142
Nokia, 166
North and South (Gaskell), 48

objectives, management by, 117
oligopolies, 112, 118, 175
Oracle, 176
Organization Man, The (Whyte), 118, 142
Origo, Iris, 21
Orwell, George, 86, 109
Oswald, Richard, 47
Overend, Gurney, 59

Packard, David, 139
Packard, Vance, 119
paper money, Chinese invention of, 15
Papin, Denis, 24
partnerships, 28, 45, 46, 47, 51, 142
in ancient Rome, 14–15
in Assyria, 13
of Carnegie, 74
of Datini, 21
in Imperial China, 16
in Islamic law, 16
in Italy's merchant empires, 17
joint liability and, 18, 21, 51–2
of Medicis, 19–20
see also limited-liability joint stock companies
part-time work, 145
patents, 49
Paulson, Hank, 148
Peacock, Thomas Love, 29, 44
Peel, Robert, 48, 83
Pennsylvania, University of, 81, 108

Pennsylvania Coke and Iron Company, 52
Pennsylvania Railroad, 66, 68, 80
pensions, pension funds, 62, 79, 95–6, 110, 118, 133, 139
Perot, Ross, 172
Philadelphia, Pa., 80–1, 144, 181
philanthropy, 80
Phoenicia, 13
Pickens, T. Boone, 135
Pilkington, Austin, 85
Pillsbury, Charles, 73
Pitt, William, 35
Pleydell-Bouverie, Edward, 57
Poor, Henry Varnum, 66
Porter, Michael, 142
Port Sunlight, 88, 91, 171
Potomac Company, 50
Practice of Management, The (Drucker), 117
Prato, Merchant of, *see* Datini, Francesco di Marco
price pyramids, 105
Priestley, J. B., 86
Principles of Political Economy (Mill), 44
Principles of Scientific Management (Taylor), 69
private civil servants, 97
privatization, 121, 122–4
Procter & Gamble (P&G), 91, 107, 110, 114
profit-sharing:
  employees and, 80, 91
  among partners, 19
public-relations advisors, 79
Pujo, Arsène, 78, 111
Pullman, George, 80
Pullman, Ill., 80
Pullman strike, 77, 80
Purity Hall, 107

quality control, 131

railroad companies, 49, 51, 94
  capital required by, 54–5, 65
  consolidation of, 70
  deregulation of, 124
  growth of big business due to, 64–7
  multinational growth due to, 155–6
Railway Monitor, 55
Reagan, Ronald, 137
'red chips,' 123
'regulated companies,' 24
regulatory capitalism, 146–8
research and development, 97, 106–7, 137
retailers, 61–3, 67–8
Rhenish-Westphalian Coal Syndicate, 93
Rhodes, Cecil, 161
Rigas, John, 151
Rising Sun (Crichton), 129–30
RJR Nabisco, 136, 138
robber barons, 63, 71, 75, 81, 103, 104, 112, 173, 181
Robertson, Dennis, 111
Rockefeller, John D., Sr., 71–3, 75, 79, 103
Roman Empire, 14–15
Roosevelt, Franklin D., 113, 152
Roosevelt, Theodore, 78, 174
Rosenwald, Julius, 61–2, 67, 79
Route 128, 140
Rowntree, Joseph, 88
Royal African Company (RAC), 46, 170
Russia, 26, 113, 123, 162
Rutherford, Ernest, 87

Salomon v. Salomon & Co. Ltd., 58

samurai, 98, 101
Sandys, Edwin, 42
Sarbanes-Oxley Act (2002), 148, 151, 174, 179
Sarowiwa, Ken, 170
savings and loan institutions, 137
Scott Paper, 144
Sears, Roebuck, 61–2, 67, 79, 121, 124–5
Sears Tower, 121, 124
Securities Acts (1933 and 1934), 112–13
Securities and Exchange Commission (SEC), 113, 152, 165
Sennett, Richard, 145
Servan-Schreiber, Jean-Jacques, 119, 164
shareholder capitalism, 83, 110, 147, 179–80
shareholders, 58, 120, 149
　activism by, 133–4
　'agency' problem and, 112
　managers as, 116
　number of, 104
shares:
　in chartered companies, 26, 27, 28, 33
　partly paid, 58
　preference, 66
　in railroad companies, 66
　valuation of, 75
Shearson Lehman, 136
Shell, 156, 164, 168, 170
Sherman Antitrust Act (1890), 77, 93
Shibusawa Eiichi, 99
Shockley, William, 142
Silicon Valley, 129, 176, 181
　company unbundling by, 128, 139–43
Singer Sewing Machine Company, 104, 162

single-purpose vehicles, 124
single-unit businesses, 62–3
skyscrapers, 103–4, 121
slaves, slavery, 14, 20, 36, 42, 46–7, 51
sleeping partners, 46
Sloan, Alfred, 91, 104–6, 108, 113, 114, 115, 142, 163, 176
Smith, Adam, 42–3, 56, 93
Snow, C. P., 86
Soane, Sir Stephen, 29
Social Darwinism, 75
social responsibility, corporate, 79–82, 95, 111–14, 144, 177–83
société en commandite par actions, 53
sociétés anonymes, 53, 59, 60
Society for Establishing Useful Manufactures of New Jersey, 50
Sombart, Werner, 81
Sony, 129
South Sea Bubble Act (1720), 40, 46, 53, 152
South Sea Company, 36, 39–41, 45, 49
Sovereignty at Bay (Vernon), 168
Spencer, Herbert, 75
stakeholder capitalism, 83, 118, 121, 179–80
　in Imperial Germany, 95–6
　in Japan, 132
　regulation of, 147
Standard & Poor's, 66
Standard Oil of New Jersey, 72, 118
Standard Oil Trust, 72, 78, 109
Staple of London, 24
state monopolies:
　British East India Company as, 30, 33, 36

in Imperial China, 16
Status Seekers, The (Packard), 119
Stempel, Roger, 134
Stephenson, George, 54
Stephenson, Robert, 155
stock exchanges, 73, 89
    chartered companies and, 26, 28
    see also specific exchanges
stock market crashes:
    of 1929, 179
    tulip mania and, 28
    of 2000–2, 149
stock options, 138
stock promoters, 73
Stockton-Darlington Railway, 49
Stora Enso, 23
Supreme Court, U.S., 52, 78, 93
Swire, John, & Sons, 158
System of Logic (Mill), 44

talent, war for, 182
Tarbell, Ida, 77
tariffs, 75, 157, 164
Taylor, Frederick, 69, 108
temporary work, 145
Thatcher, Margaret, 122
Thomas, Hugh, 47
Thurlow, Edward, 41
Toshiba, 99
total quality management, 130
Toyota, 130
trade:
    free, 90, 157
    tariffs on, 75, 157, 164
    transaction costs, 111, 141, 174, 176
Triangle Shirtwaist Company fire, 77
Trollope, Anthony, 171, 178
trust companies, 71–3
Trusts (Watson), 72
tulip mania, 28

Tyco, 150, 153
Tylenol, 181, 182

Unilever, 91, 92, 164, 168
unincorporated companies, 45, 46
United Africa Company, 91
United States:
    central bank of, 73, 78
    colonial-era chartered companies in, 27, 36–9, 41–2
    companies' role in growth of, 49–51, 66–7
    global domination by, 116
    nineteenth-century corporate law in, 51–2
    oldest corporation in, 49
    pre-World War I industrial output of, 63
    rise of big business in, 61–82
    rise of multinationals in, 161–5
universal banks, 94
U.S. Steel, 74, 79–80, 84
usury, 15, 18
Utopia Limited, 53, 58, 183

Vanderbilt, Cornelius, 66, 70, 73, 79
Vanderbilt, William, 79
Veblen, Thorstein, 64
venture capitalists, 13, 99, 140
Vernon, Raymond, 168
Virginia Company, 27, 42
VOC (Dutch East India Company), 28, 33, 112

wage and price controls, 122
wages, 182
    paid by multinationals, 170–1
Wall Street, 65, 73, 116, 150
    beginning of, 50–1
    company unbundling by, 128, 133–9

see also New York Stock Exchange
Wall Street Journal, 66–7
Wal-Mart, 125, 169, 178
Walpole, Horace, 35
Walpole, Sir Robert, 41
Walton, Sam, 125
war, 102
  financing of, 24, 57
  public debt incurred by, 19, 36
  see also imperialism
Washington, George, 50
Watson, David, 72
Watson, Thomas, 110
Watt, James, 48
Way We Live Now, The (Trollope), 178
wealth, corporate concentration of, 111, 116–17
Weber, Max, 181
Wedgwood, Josiah, 47, 48
Welch, Jack, 126, 131, 144
Western Electric, 109
Wharton, Joseph, 81
Wharton School of Business, 81, 108
White, Gordon, 135
Whitehead, William, 34

Whitney, Eli, 51
'Why Is There No Socialism in the United States?' (Sombart), 81
Whyte, William H., 118
Wilson, Charles, 114
Wilson, Woodrow, 173, 174
Wilson administration, 77
Winthrop, John, 42
Wodehouse, P. G., 158
women:
  in ads, 107
  as clerical workers, 89
  in temporary jobs, 145
Women at Work (Bird), 89
Woodruff, Robert, 107
Woolworth, Frank, 68
Woolworth Building, 104
world cars, 167
WorldCom, 150
Wozniak, Steve, 140
Wrigley, William, 103

Xerox, 150

Yeltsin, Boris, 123

zaibatsu, 99–101, 102, 131

著作权合同登记号　图字:01-2019-0432

图书在版编目(CIP)数据

公司简史/(英)约翰·米克尔思韦特,(英)阿德里安·伍尔德里奇著;朱元庆译.—北京:北京大学出版社,2021.7
ISBN 978-7-301-32276-5

Ⅰ.①公… Ⅱ.①约… ②阿… ③朱… Ⅲ.①公司—企业经济—经济史—世界　Ⅳ.①F279.1

中国版本图书馆CIP数据核字(2021)第118300号

书　　　名	公司简史 GONGSI JIANSHI	
著作责任者	〔英〕约翰·米克尔思韦特　〔英〕阿德里安·伍尔德里奇　著　朱元庆　译	
责任编辑	柯　恒	
标准书号	ISBN 978-7-301-32276-5	
出版发行	北京大学出版社	
地　　　址	北京市海淀区成府路205号　100871	
网　　　址	http://www.pup.cn　http://www.yandayuanzhao.com	
电子信箱	yandayuanzhao@163.com	
新浪微博	@北京大学出版社　@北大出版社燕大元照法律图书	
电　　　话	邮购部 010-62752015　发行部 010-62750672 编辑部 010-62117788	
印　刷　者	涿州市星河印刷有限公司	
经　销　者	新华书店 850毫米×1168毫米　32开本　9.5印张　106千字 2021年7月第1版　2022年9月第2次印刷	
定　　　价	59.00元	

未经许可,不得以任何方式复制或抄袭本书之部分或全部内容。
版权所有,侵权必究
举报电话: 010-62752024　电子信箱: fd@pup.pku.edu.cn
图书如有印装质量问题,请与出版部联系,电话: 010-62756370